LETTRES D'UNE PÉRUVIENNE,

PAR MADAME

DE GRAFIGNY,

DE L'ACADÉMIE

DE FLORENCE.

NOUVELLE EDITION.

A PARIS,

Chez la Veuve DUCHESNE, Libraire, rue Saint-Jacques, au Temple du Goût.

M. DCC. LXXIII.

Avec Approbation & Privilége du Roi.

VIE
DE MADAME
DE GRAFIGNY,
DE L'ACADÉMIE
DE FLORENCE,
TIREE DE QUELQUES OUVRAGES PERIODIQUES.

MADAME DE GRAFIGNY étoit née en Lorraine, & est morte à Paris le 12 Décembre 1758, dans la soixante-quatrieme année de son âge. Elle se nommoit *Françoise d'Happoncourt*. Elle étoit fille unique de François-Henri d'Issembourg, Seigneur d'Happoncourt, de Greux & autres lieux, Lieutenant des Chevaux-Légers, Major des Gardes de Son Altesse Royale Léopold Premier, Duc de Lorraine, & Gouverneur de Boulay & de la Sarre. Sa mere se nommoit Marguerite de Seaureau, fille d'Antoine de Seaureau, Baron de Houdemon & de Vandœuvre, premier Maître-d'Hôtel du même Duc Léopold. Le pere de Madame de Grafigny, sorti de l'ancienne & illustre Maison d'Issembourg en Allemagne, servit en France dans sa jeunesse. Il fut Aide-de-Camp du Maréchal de Boufflers au Siége de Namur. Louis XIV, content de ses services, le reconnut Gentilhomme en France, comme il l'étoit en Allemagne, & confirma tous ses Titres. Il s'attacha depuis à la Cour de Lorraine.

Sa fille fut mariée à M. François Huguet de Grafigny, Exempt des Gardes-du-Corps, & Chambellan du Duc de Lorraine. Elle eut beaucoup à souffrir de son mari. Après bien des années d'une patience héroïque, elle en fut séparée juridiquement. Elle en avoit eu quelques enfans, morts en bas âge avant leur pere.

Madame de Grafigny étoit née sérieuse, & sa conversation n'annonçoit pas tout l'esprit qu'elle avoit reçu de la nature. Un jugement solide, un cœur sensible & bienfaisant, un commerce doux, égal & sûr, lui avoient fait des amis long-tems avant qu'elle pensât à se faire des Lecteurs.

Mademoiselle de Guiſe, venant à Paris épouſer M. le Duc de Richelieu, amena avec elle Madame de Grafigny; peut-être, ſans cette circonſtance, n'y ſeroit-elle jamais venue : du moins l'état de ſa fortune ne lui permettoit gueres d'y ſonger ; & d'ailleurs elle ne prévoyoit pas plus que les autres, la réputation qui l'attendoit dans cette Capitale. Pluſieurs Gens d'eſprit réunis dans une Société, où elle avoit été admiſe, la forcerent de fournir quelque choſe pour le *Recueil de ces Meſſieurs*, volume *in*-12, qui parut en 1745. Le Morceau qu'elle donna eſt le plus conſidérable du Recueil ; il eſt intitulé : *Nouvelle Eſpagnole ; le mauvais exemple produit autant de vertus que de vices.* Le titre même, comme on voit, eſt une maxime, & tout le Roman en eſt rempli. Cette bagatelle ne fut pas goûtée par quelques-uns des Aſſociés. Madame de Grafigny fut piquée des plaiſanteries de ces Meſſieurs ſur ſa Nouvelle Eſpagnole, &, ſans rien dire à la Société, elle compoſa les *Lettres Péruviennes*, qui eurent le plus grand ſuccès. Peu de tems après elle donna au Théâtre François, avec des applaudiſſemens qui ne ſe ſont point démentis, *Cénie*, en cinq Actes & en Proſe. C'eſt une des meilleures Pieces que nous ayons dans le genre attendriſſant.

La Fille d'Ariſtide, autre Comédie en Proſe, n'eut point, à la repréſentation, le même ſuccès que *Cenie*. Elle a paru imprimée après la mort de Madame de Grafigny. On dit que l'Auteur, le jour même de ſa mort, en avoit corrigé la derniere épreuve. On aſſure auſſi que le peu de ſuccès de cette Piece au Théatre, n'a pas peu contribué à la maladie dont elle eſt morte. Madame de Grafigny avoit cet amour-propre louable, pere de tous les talens; une Critique, une Epigramme lui cauſoit un véritable chagrin, & elle l'avouoit de bonne foi.

Outre ces deux Drames, Madame de Grafigny a laiſſé deux Pieces en un Acte, qui ont été repréſentées à Vienne par les Enfans de l'Empereur. Ce ſont des ſujets ſimples & moraux, à la portée de l'auguſte Jeuneſſe qu'elle vouloit inſtruire *.

* *Ziman & Zeniſe*, en Proſe & en un Acte; *Phaza*, auſſi en un Acte. Elles ſe trouvent imprimées à la ſuite du Théâtre de Madame de Grafigny.

LL. M. l'Empereur & l'Impératrice Reine de Hongrie & de Bohême, l'honoroient d'une estime particuliere, & lui faisoient souvent des présens *, ainsi que Leurs Altesses Royales le Prince Charles & la Princesse Charlotte de Lorraine, avec lesquels elle avoit même la distinction d'être en commerce de Lettres. Elle a légué ses Livres à feu M. Guymond de la Touche, Auteur de la moderne Tragédie d'Iphigénie en Tauride, & de l'Épitre à l'Amitié. Il n'a joui qu'un an de ce don, étant mort lui-même au mois de Février de l'année 1760. Elle a laissé tous ses Papiers à un Homme de Lettres, son ami depuis trente années, avec la liberté d'en disposer comme il le jugeroit à propos.

On peut juger de l'esprit de Madame de Grafigny par ses Ouvrages; ils sont entre les mains de tout le monde: on peut juger de son ame par ses amis; elle n'en a eu que d'estimables: leurs regrets font son éloge. Le fond de son caractere

* L'Empereur (François Premier) a donné une Pension considérable à Madame de Grafigny. *Année Littéraire, 1756, Tome premier, page 112.*

étoit une sensibilité & une bonté de cœur sans exemple. Elle faisoit tout le bien qu'elle pouvoit faire. On ne sçait presque aucune particularité de sa vie, parce qu'elle étoit simple & modeste, & ne parloit jamais d'elle. Seulement on sçait que sa vie n'a été qu'un tissu de malheurs; & c'est dans ces malheurs qu'elle aura puisé en partie cette douce & sublime Philosophie du cœur, qui caractérise ses Ouvrages, & les fera passer à la postérité.

INTRODUCTION
HISTORIQUE
AUX LETTRES PÉRUVIENNES.

IL n'y a point de peuple dont les connoissances sur son origine & son antiquité soient aussi bornées que celles des Péruviens : leurs Annales renferment à peine l'histoire de quatre siècles.

Mancocapac, selon la tradition de ces peuples, fut leur Législateur, & leur premier Inca. Le Soleil, disoit-il, qu'ils appelloient leur pere, & qu'ils regardoient comme leur Dieu, touché de la barbarie dans laquelle ils vivoient depuis long-tems, leur envoya du Ciel deux de ses enfans, un fils & une fille, pour leur donner des loix,

& les engager, en formant des villes & en cultivant la terre, à devenir des hommes raisonnables.

C'est donc à *Mancocapac*, & à sa femme *Coya-Mama-Oello-Huaco*, que les Péruviens doivent les principes, les mœurs & les arts, qui en avoient fait un peuple heureux, lorsque l'avarice, du sein d'un Monde dont ils ne soupçonnoient pas même l'existence, jetta sur leurs terres des tyrans, dont la barbarie fit la honte de l'Humanité & le crime de leur siècle.

Les circonstances où se trouvoient les Péruviens, lors de la descente des Espagnols, ne pouvoient être plus favorables à ces derniers. On parloit depuis quelque tems d'un ancien Oracle, qui annonçoit qu'*après un certain nombre de Rois, il arriveroit dans leur pays des hommes extraordinaires, tels qu'on n'en avoit jamais vus, qui envahiroient leur Royaume, & détruiroient leur Religion.*

Quoique l'Astronomie fût une des principales connoissances des Péruviens, ils s'effrayoient des prodiges, ainsi que bien d'autres peuples. Trois cercles qu'on avoit apperçus autour de la Lune, & surtout quelques Comètes, avoient répandu la terreur parmi eux; une aigle poursuivie par d'autres oiseaux, la mer sortie de ses bornes, tout enfin rendoit l'oracle aussi infaillible que funeste.

Le fils aîné du septieme des Incas, dont le nom annonçoit dans la langue Péruvienne la fatalité de son époque *, avoit vu autrefois une figure fort différente de celle des Péruviens. Une barbe longue, une robe qui couvroit le

---

* Il s'appelloit *Yahuarhuocac*; ce qui signifioit littéralement, *Pleure-Sang.*

Spectre jusqu'aux pieds, un animal inconnu qu'il menoit en lesse; tout cela avoit effrayé le jeune Prince, à qui le phantôme avoit dit qu'il étoit fils du Soleil, frere de *Mancocapac*, & qu'il s'appelloit *Viracocha*. Cette fable ridicule s'étoit malheureusement conservée parmi les Péruviens; & dès qu'ils virent les Espagnols avec de grandes barbes, les jambes couvertes, & montés sur des animaux dont ils n'avoient jamais connu l'espèce, ils crurent voir en eux les fils de ce Viracocha, qui s'étoit dit fils du Soleil, & c'est de-là que l'usurpateur se fit donner, par les ambassadeurs qu'il leur envoya, le titre de Descendant du Dieu qu'ils adoroient.

Tout fléchit devant eux : le peuple est par-tout le même. Les Espagnols furent reconnus presque généralement pour des Dieux, dont on ne parvint point à calmer les fureurs par les dons les plus considérables, & par les hommages les plus humilians.

Les Péruviens s'étant apperçus que les chevaux des Espagnols mâchoient leurs freins, s'imaginerent que ces monstres domptés, qui partageoient leur respect, & peut-être leur culte, se nourrissoient de métaux; ils alloient leur chercher tout l'or & l'argent qu'ils possédoient, & les entouroient chaque jour de ces offrandes. On se borne à ce trait pour peindre la crédulité des habitans du Pérou, & la facilité que trouverent les Espagnols à les séduire.

Quelque hommage que les Péruviens eussent rendu à leurs tyrans, ils avoient trop laissé voir leurs immenses richesses pour obtenir des ménagemens de leur part.

Un peuple entier, ſoumis & demandant grace, fut paſſé au fil de l'épée. Tous les droits de l'Humanité violés laiſſerent les Eſpagnols les maîtres abſolus des tréſors d'une des plus belles parties du Monde. *Méchaniques victoires* s'écrie Montagne *, en ſe rappellant le vil objet de ces conquêtes! *Jamais l'ambition*, ajoute-t-il, *jamais les inimitiés publiques ne pouſſerent les hommes les uns contre les autres à de ſi horribles hoſtilités ou calamités ſi miſérables.*

C'eſt ainſi que les Péruviens furent les triſtes victimes d'un peuple avare, qui ne leur témoigna d'abord que de la bonne foi & même de l'amitié. L'ignorance de nos vices & la naiveté de leurs mœurs les jetterent dans les bras

* Tom. V, Chap. VI. des Coches.

de leurs lâches ennemis. En vain des eſpaces infinis avoient ſéparé les Villes du Soleil, de notre Monde, elles en devinrent la proie & le domaine le plus précieux.

Quel ſpectacle pour les Eſpagnols, que les jardins du temple du Soleil, où les arbres, les fruits & les fleurs étoient d'or, travaillés avec un art inconnu en Europe! Les murs du temple revétus du même métal, un nombre infini de ſtatues couvertes de pierres précieuſes, & quantité d'autres richeſſes inconnues juſqu'alors, éblouirent les Conquérans de ce peuple infortuné. En donnant un libre cours à leurs cruautés, ils oublierent que les Péruviens étoient des hommes.

Une analyſe auſſi courte des mœurs de ces peuples malheureux que celle qu'on vient de faire de leurs infortunes, terminera l'introduction qu'on a cru nécessaire aux Lettres qui vont suivre.

Ces peuples étoient en général francs & humains; l'attachement qu'ils avoient pour leur Religion les rendoit observateurs rigides des loix qu'ils regardoient comme l'ouvrage de *Mancocapac*, fils du Soleil qu'ils adoroient.

Quoique cet astre fût le seul Dieu auquel ils eussent érigé des temples, ils reconnoissoient au dessus de lui un Dieu Créateur, qu'ils appelloient *Pachacamac*; c'étoit pour eux le *grand nom*. Le mot de Pachacamac ne se prononçoit que rarement & avec des signes de l'admiration la plus grande. Ils avoient aussi beaucoup de vénération pour la Lune, qu'ils traitoient de femme & de sœur du Soleil. Ils la regardoient comme la mere de toutes choſes; mais ils croyoient, comme tous les Indiens, qu'elle cauſeroit la deſtruction du Monde, en ſe laiſſant tomber ſur la terre qu'elle anéantiroit par ſa chûte. Le tonnerre, qu'ils appelloient YALPOR; les éclairs & la foudre paſſoient parmi eux pour les miniſtres de la juſtice du Soleil, & cette idée ne contribua pas peu au ſaint reſpect que leur inſpirerent les premiers Eſpagnols, dont ils prirent les armes à feu pour des inſtrumens du tonnerre.

L'opinion de l'immortalité de l'ame étoit établie chez les Péruviens; ils croyoient, comme la plus grande partie des Indiens, que l'ame alloit dans des lieux inconnus pour y être récompenſée ou punie ſelon ſon mérite.

L'or, & tout ce qu'ils avoient de plus précieux, compoſoient les offrandes qu'ils faisoient au Soleil. Le *Raymi* étoit la principale fête de ce Dieu, auquel on présentoit dans une coupe du mays, espèce de liqueur forte, que les Péruviens sçavoient extraire d'une de leurs plantes, & dont ils buvoient jusqu'à l'ivresse après les sacrifices.

Il y avoit cent portes dans le Temple superbe du Soleil. L'Inca regnant, qu'on appelloit le *Capa-Inca*, avoit seul droit de les faire ouvrir ; c'étoit à lui seul aussi qu'appartenoit le droit de pénétrer dans l'intérieur de ce Temple.

Les Vierges consacrées au Soleil y étoient élevées presque en naissant, & y gardoient une perpétuelle virginité, sous la conduite de leurs *Mamas*, ou Gouvernantes, à moins que les loix ne les destinassent à épouser des Incas, qui devoient toujours s'unir à leurs sœurs, ou, à leur défaut, à la premiere Princesse du Sang, qui étoit Vierge du Soleil. Une des principales occupations de ces Vierges, étoit de travailler aux diadêmes des Incas, dont une espèce de frange faisoit toute la richesse.

Le temple étoit orné des différentes Idoles des peuples qu'avoient soumis les Incas, après leur avoir fait accepter le culte du Soleil. La richesse des métaux & des pierres précieuses dont il étoit embelli, le rendoit d'une magnificence & d'un éclat dignes du Dieu qu'on y servoit.

L'obéissance & le respect des Péruviens pour leurs Rois, étoient fondés sur l'opinion qu'ils avoient que le Soleil étoit le pere de ces Rois. Mais l'attachement & l'amour qu'ils avoient pour eux, étoient le fruit de leurs propres vertus, & de l'équité des Incas.

On élevoit la Jeunesse avec tous les soins qu'exigeoit l'heureuse simplicité de leur morale. La subordination n'effrayoit point les esprits, parce qu'on en montroit la nécessité de très-bonne heure, & que la tyrannie & l'orgueil n'y avoient aucune part. La modestie & les égards mutuels étoient les premiers fondemens de l'éducation des enfans. Attentifs à corriger leurs premiers défauts, ceux qui étoient chargés de les instruire, arrêtoient les progrès d'une passion naissante *, ou les faisoient tourner au bien de la société. Il est des vertus qui en supposent beaucoup d'autres. Pour donner une idée de

(*) Voyez les Cérémonies & Coutumes Religieuses. Dissertations sur les Peuples de l'Amérique. *Chap.* 13.

celles des Péruviens, il ſuffit de dire qu'avant la deſcente des Eſpagnols, il paſſoit pour conſtant qu'un Péruvien n'avoit jamais menti.

Les *Amautas*, Philoſophes de cette nation, enſeignoient à la Jeuneſſe les découvertes qu'on avoit faites dans les ſciences. La nation étoit encore dans l'enfance à cet égard; mais elle étoit dans la force de ſon bonheur.

Les Péruviens avoient moins de lumieres, moins de connoiſſances, moins d'arts que nous, & cependant ils en avoient aſſez pour ne manquer d'aucune choſe néceſſaire. Les *Quapas* ou les *Quipos* *, leur tenoient lieu de notre art d'écrire. Des cordons de coton

---

* Les *Quipos* du Pérou étoient auſſi en uſage parmi pluſieurs peuples de l'Amérique Méridionale.

ou de boyau, aufquels d'autres cordons de différentes couleurs étoient attachés, leur rappelloient, par des nœuds placés de diftance en diftance, les chofes dont ils vouloient fe reffouvenir. Ils leur fervoient d'Annales, de Codes, de Rituels, &c. Ils avoient des Officiers publics, appellés *Quipocamaios*, à la garde defquels les Quipos étoient confiés. Les finances, les comptes, les tributs, toutes les affaires, toutes les combinaifons étoient auffi aifément traités avec les *Quipos*, qu'ils auroient pû l'être par l'ufage de l'écriture.

Le fage Légiflateur du Pérou, Mancocapac, avoit rendu facrée la culture des terres; elle s'y faifoit en commun, & les jours de ce travail étoient des jours de réjouiffance. Des canaux d'une étendue prodigieufe, diftribuoient par-tout la fraîcheur & la fertilité : mais ce qui peut à peine ſe concevoir, c'eſt que ſans aucun inſtrument de fer, ni d'acier, & à force de bras ſeulement, les Péruviens avoient pu renverſer des rochers, percer les montagnes les plus hautes pour conduire leurs ſuperbes aqueducs, ou les routes qu'ils pratiquoient dans tout leur pays.

On ſçavoit au Pérou autant de Géométrie qu'il en falloit pour la meſure & le partage des terres. La Médecine y étoit une ſcience ignorée, quoiqu'on y eût l'uſage de quelques ſecrets pour certains accidens particuliers. *Garcilaſſo* dit qu'ils avoient une ſorte de Muſique, & même quelque genre de Poéſie. Leurs Poëtes, qu'ils appelloient HASAVEC, compoſoient des eſpèces de Tragédies & des Comédies que les fils des CACIQUES * ou des

* Caciques, eſpèce de Gouverneurs de Provinces.

CURACAS *, repréſentoient pendant les fêtes devant les Incas & toute la Cour.

La morale & la ſcience des loix utiles au bien de la ſociété, étoient donc les ſeules choſes que les Péruviens euſſent appriſes avec quelque ſuccès. *Il faut avouer* (dit un Hiſtorien **) *qu'ils ont fait de ſi grandes choſes, & établi une ſi bonne police, qu'il ſe trouvera peu de nations qui puiſſent ſe vanter de l'avoir emporté ſur eux en ce point.*

---

* Souverains d'une petite contrée. Ils ne ſe préſentoient jamais devant les Incas & les Reines, ſans leur offrir un tribut des curioſités que produiſoit la Province où ils commandoient.

** Puffendorff, Introd. à l'Hiſtoire.

LETTRES D'UNE *PÉRUVIENNE*.

LETTRE PREMIERE.

Les Espagnols entrent avec violence dans le Temple du Soleil; en arrachent Zilia, qui conserve heureusement ses Quipos*, avec lesquels elle exprime ses infortunes & sa tendresse pour Aza.*

AZA! mon cher Aza! les cris de la tendre Zilia, tels qu'une vapeur du matin, s'exhalent & sont dissipés avant d'arriver jusqu'à toi; en vain je t'appelle à mon secours; en vain j'attends que tu viennes briser les chaînes de mon esclavage : hélas! peut-être les malheurs que j'ignore sont-ils les plus affreux! peut-être tes maux surpassent-ils les miens!

La ville du Soleil, livrée à la fureur d'une nation barbare, devroit faire couler mes larmes; & ma douleur, mes craintes, mon déſeſpoir ne ſont que pour toi.

Qu'as-tu fait dans ce tumulte affreux, chere ame de ma vie? Ton courage a-t'il été funeſte ou inutile? Cruelle alternative! mortelle inquiétude! ô mon cher Aza! que tes jours ſoient ſauvés, & que je ſuccombe, s'il le faut, ſous les maux qui m'accablent.

Depuis le moment terrible (qui auroit du être arraché de la chaîne du tems, & replongé dans les idées éternelles,) depuis le moment d'horreur où ces Sauvages impies m'ont enlevée au culte du Soleil, à moi-même, à ton amour, retenue dans une étroite captivité, privée de toute communication avec nos citoyens, ignorant la langue de ces hommes féroces dont je porte les fers, je n'éprouve que les effets du malheur, ſans pouvoir en découvrir la cauſe. Plongée dans un abîme d'obſcurité, mes jours ſont ſemblables aux nuits les plus effrayantes.

Loin d'être touchés de mes plaintes,

mes ravisseurs ne le sont pas même de mes larmes ; sourds à mon langage, ils n'entendent pas mieux les cris de mon désespoir.

Quel est le peuple assez féroce pour n'être point ému aux signes de la douleur ? Quel désert aride a vu naître des humains insensibles à la voix de la Nature gémissante ? Les Barbares ! Maîtres du *Yalpor* (a), fiers de la puissance d'exterminer, la cruauté est le seul guide de leurs actions. Aza ! comment échapperas-tu à leur fureur ? où es-tu ? que fais-tu ? si ma vie t'est chere, instruis-moi de ta destinée.

Hélas ! que la mienne est changée ! comment se peut-il que des jours, si semblables entr'eux, aient, par rapport à nous, de si funestes différences ? Le tems s'écoule ; les ténebres succedent à la lumiere ; aucun dérangement ne s'apperçoit dans la Nature ; & moi, du suprême bonheur, je suis tombée dans l'horreur du désespoir, sans qu'aucun intervalle m'ait préparée à cet affreux passage.

(*a*) Nom du Tonnerre.

Tu le sçais, ô délices de mon cœur ! ce jour horrible, ce jour à jamais épouvantable, devoit éclairer le triomphe de notre union. A peine commençoit-il à paroître, qu'impatiente d'exécuter un projet que ma tendresse m'avoit inspiré pendant la nuit, je courus à mes *Quipos* (a) ; &, profitant du silence qui regnoit encore dans le Temple, je me hatai de les nouer, dans l'espérance qu'avec leur secours je rendrois immortelle l'histoire de notre amour & de notre bonheur.

A mesure que je travaillois, l'entreprise me paroissoit moins difficile ; de moment en moment cet amas innombrable de cordons devenoit sous mes doigts une peinture fidelle de nos actions & de nos sentimens, comme il étoit autrefois l'interprète de nos pensées, pendant les longs intervalles que nous passions sans nous voir.

(*a*) Un grand nombre de petits cordons de différentes couleurs dont les Indiens se servoient, au défaut de l'écriture, pour faire le paiement des troupes & le dénombrement du peuple. Quelques Auteurs prétendent qu'ils s'en servoient aussi pour transmettre à la postérité les actions mémorables de leurs Incas.

Toute entiere à mon occupation, j'oubliois le tems, lorsqu'un bruit confus réveilla mes esprits, & fit tressaillir mon cœur.

Je crus que le moment heureux étoit arrivé, & que les cent portes (*a*) s'ouvroient pour laisser un libre passage au Soleil de mes jours; je cachai précipitamment mes *Quipos* sous un pan de ma robe, & je courus au-devant de tes pas.

Mais quel horrible spectacle s'offrit à mes yeux! jamais son souvenir affreux ne s'effacera de ma mémoire.

Les pavés du Temple ensanglantés, l'image du Soleil foulée aux pieds, des soldats furieux poursuivant nos Vierges éperdues, & massacrant tout ce qui s'opposoit à leur passage; nos *Mamas* (b) expirantes sous leurs coups, & dont les habits brûloient encore du feu de leur tonnerre; les gémissemens de l'épouvante, les cris de la fureur répandant de toute part l'horreur & l'effroi, m'ôterent jusqu'au sentiment.

(*a*) Dans le Temple du Soleil il y avoit cent portes; l'*Inca* seul avoit le pouvoir de les faire ouvrir.

(*b*) Espèce de Gouvernantes des Vierges du Soleil.

Revenue à moi-même, je me trouvai, par un mouvement naturel & presqu'involontaire, rangée derriere l'autel que je tenois embrassé. Là, immobile de saisissement, je voyois passer ces barbares; la crainte d'être apperçue arrêtoit jusqu'à ma respiration.

Cependant je remarquai qu'ils ralentissoient les effets de leur cruauté à la vûe des ornemens précieux répandus dans le Temple; qu'ils se saisissoient de ceux dont l'éclat les frappoit davantage; & qu'ils arrachoient jusqu'aux lames d'or dont les murs étoient revétus. Je jugeai que le larcin étoit le motif de leur barbarie, & que, ne m'y opposant point, je pourrois échapper à leurs coups. Je formai le dessein de sortir du Temple, de me faire conduire à ton palais, de demander au Capa Inca (*a*) du secours & un asyle pour mes compagnes & pour moi: mais aux premiers mouvemens que je fis pour m'éloigner, je me sentis arrêter. O mon cher Aza, j'en frémis encore! ces impies oserent porter leurs mains sacriléges sur la fille du Soleil.

(*a*) Nom générique des Incas régnans.

Arrachée de la demeure ſacrée, traînée ignominieuſement hors du Temple, j'ai vu, pour la premiere fois, le ſeuil de la porte céleſte que je ne devois paſſer qu'avec les ornemens de la Royauté (*a*). Au lieu des fleurs que l'on auroit ſemées ſous mes pas, j'ai vu les chemins couverts de ſang & de mourans; au lieu des honneurs du thrône que je devois partager avec toi, eſclave de la tyrannie, enfermée dans une obſcure priſon, la place que j'occupe dans l'Univers eſt bornée à l'étendue de mon être. Une natte, baignée de mes pleurs, reçoit mon corps fatigué par les tourmens de mon ame; mais, cher ſoutien de ma vie, que tant de maux me ſeront légers, ſi j'apprends que tu reſpires!

Au milieu de cet horrible bouleverſement, je ne ſçais par quel heureux hazard j'ai conſervé mes *Quipos*. Je les poſſede, mon cher Aza! c'eſt aujourd'hui le ſeul tréſor de mon cœur, puiſqu'il ſervira d'interprète à ton amour comme au

(*a*) Les Vierges conſacrées au Soleil entroient dans le Temple preſqu'en naiſſant, & n'en ſortoient que le jour de leur mariage.

mien ; les mêmes nœuds qui t'apprendront mon existence, en changeant de forme entre tes mains, m'instruiront de ton sort. Hélas ! par quelle voie pourrai-je les faire passer jusqu'à toi ? Par quelle adresse pourront-ils m'être rendus ? Je l'ignore encore ; mais le même sentiment qui nous fit inventer leur usage, nous suggèrera les moyens de tromper nos tyrans. Quel que soit le *Chaqui* (a) fidele qui te portera ce précieux dépôt, je ne cesserai d'envier son bonheur. Il te verra, mon cher Aza ! Je donnerois tous les jours que le Soleil me destine, pour jouir un seul moment de ta présence. Il te verra, mon cher Aza ! Le son de ta voix frappera son ame de respect & de crainte. Il porteroit dans la mienne la joie & le bonheur. Il te verra ; certain de ta vie, il la bénira en ta présence ; tandis qu'abandonnée à l'incertitude, l'impatience de son retour desséchera mon sang dans mes veines. O mon cher Aza ! tous les tourmens des ames tendres sont rassemblés dans mon cœur : un moment de ta vue les dissiperoit ; je donnerois ma vie pour en jouir.

(*a*) Messager.

LETTRE DEUXIEME.

Zilia rappelle à Aza le jour où il s'est offert la premiere fois à sa vue, & où il lui apprit qu'elle deviendroit son épouse.

QUE l'arbre de la vertu, mon cher Aza, répande à jamais son ombre sur la famille du pieux citoyen qui a reçu, sous ma fenêtre, le mystérieux tissu de mes pensées, & qui l'a remis dans tes mains. Que *Pachacamac* (a) prolonge ses années, en récompense de son adresse à faire passer jusqu'à moi les plaisirs divins avec ta réponse.

Les thrésors de l'amour me sont ouverts; j'y puise une joie délicieuse dont mon ame s'enivre. En dénouant les secrets de ton cœur, le mien se baigne dans une mer parfumée. Tu vis, & les chaînes qui devoient nous unir ne sont pas rompues. Tant de bonheur étoit l'objet de mes desirs, & non celui de mes espérances.

(a) Le Dieu créateur, plus puissant que le Soleil.

Dans l'abandon de moi-même, je ne craignois que pour tes jours; ils sont en sûreté, je ne vois plus le malheur. Tu m'aimes; le plaisir anéanti renaît dans mon cœur. Je goûte avec transport la délicieuse confiance de plaire à ce que j'aime; mais elle ne me fait point oublier que je te dois tout ce que tu daignes approuver en moi; ainsi que la rose tire sa brillante couleur des rayons du Soleil, de même les charmes que tu trouves dans mon esprit & dans mes sentimens, ne sont que les bienfaits de ton génie lumineux; rien n'est à moi que ma tendresse.

Si tu étois un homme ordinaire, je serois restée dans l'ignorance à laquelle mon sexe est condamné; mais ton ame, supérieure aux coutumes, ne les a regardées que comme des abus; tu en as franchi les barrieres pour m'élever jusqu'à toi. Tu n'as pû souffrir qu'un être semblable au tien, fût borné à l'humiliant avantage de donner la vie à ta postérité. Tu as voulu que nos divins *Amautas* (*a*) ornassent mon entendement de leurs

(*a*) Philosophes Indiens.

ſublimes connoiſſances. Mais, ô lumiere de ma vie, ſans le deſir de te plaire, aurois-je pû me réſoudre à abandonner ma tranquille ignorance, pour la pénible occupation de l'étude ? Sans le deſir de mériter ton eſtime, ta confiance, ton reſpect, par des vertus qui fortifient l'amour, & que l'amour rend voluptueuſes, je ne ſerois que l'objet de tes yeux ; l'abſence m'auroit déjà effacée de ton ſouvenir.

Hélas ! ſi tu m'aimes encore, pourquoi ſuis-je dans l'eſclavage ? En jettant mes regards ſur les murs de ma priſon, ma joie diſparoît, l'horreur me ſaiſit, & mes craintes ſe renouvellent. On ne t'a point ravi la liberte ; tu ne viens pas à mon ſecours ! tu es inſtruit de mon ſort, il n'eſt pas changé ! Non, mon cher Aza, ces peuples féroces, que tu nommes Eſpagnols, ne te laiſſent pas auſſi libre que tu crois l'être. Je vois autant de ſignes d'eſclavage dans les honneurs qu'ils te rendent, que dans la captivité où ils me retiennent.

Ta bonté te ſéduit ; tu crois ſinceres les promeſſes que ces barbares te font faire par leur interprète, parce que tes paroles ſont inviolables ; mais moi qui n'entends pas leur langage, moi qu'ils ne trouvent pas digne d'être trompée, je vois leurs actions.

Tes ſujets les prennent pour des Dieux ; ils ſe rangent de leur parti. O mon cher Aza ! malheur au peuple que la crainte détermine ! Sauve-toi de cette erreur, défie-toi de la fauſſe bonté de ces Etrangers. Abandonne ton Empire, puiſque *Viracocha* en a prédit la deſtruction. Achète ta vie & ta liberté au prix de ta puiſſance, de ta grandeur, de tes thréſors ; il ne te reſtera que les dons de la Nature. Nos jours ſeront en ſûreté.

Riches de la poſſeſſion de nos cœurs, grands par nos vertus, puiſſans par notre modération, nous irons dans une cabane jouir du ciel, de la terre & de notre tendreſſe. Tu ſeras plus Roi en régnant ſur mon ame, qu'en doutant de l'affection d'un peuple innombrable : ma ſoumiſſion à tes volontés te fera jouir ſans tyrannie du beau droit de commander. En t'obéiſſant, je ferai retentir ton Empire de mes chants d'allégreſſe ; ton diadême (*a*) ſera toujours l'ouvrage de mes mains ;

(*a*) Le diadême des Incas étoit une eſpèce de frange. C'étoit l'ouvrage des Vierges du Soleil.

tu ne perdras de ta Royauté que les ſoins & les fatigues.

Combien de fois, chere ame de ma vie, t'es-tu plaint des devoirs de ton rang ! Combien les cérémonies, dont tes viſites étoient accompagnées, t'ont-elles fait envier le ſort de tes ſujets ! Tu n'aurois voulu vivre que pour moi ; craindrois-tu à préſent de perdre tant de contraintes ? Ne ſuis-je plus cette Zilia, que tu aurois préférée à ton Empire ? Non, je ne puis le croire : mon cœur n'eſt point changé ; pourquoi le tien le ſeroit-il ?

J'aime, je vois toujours le même Aza, qui régna dans mon ame au premier moment de ſa vue ; je me rappelle ce jour fortuné, où ton pere, mon ſouverain Seigneur, te fit partager, pour la premiere fois, le pouvoir réſervé à lui ſeul, d'entrer dans l'intérieur du temple (*a*) ; je me repréſente le ſpectacle agréable de nos Vierges raſſemblées, dont la beauté recevoit un nouveau luſtre par l'ordre charmant dans lequel elles étoient rangées, telles que dans un jardin les plus

---

(*a*) L'Inca régnant avoit ſeul le droit d'entrer dans le Temple du Soleil.

brillantes fleurs tirent un nouvel éclat de la ſymmétrie de leurs compartimens.

Tu parus au milieu de nous comme un Soleil levant, dont la tendre lumiere prépare la ſérénité d'un beau jour ; le feu de tes yeux répandoit ſur nos joues le coloris de la modeſtie : un embarras ingénu tenoit nos regards captifs ; une joie brillante éclatoit dans les tiens ; tu n'avois jamais rencontré tant de beautés enſemble. Nous n'avions jamais vu que le *Capa-Inca* : l'étonnement & le ſilence régnoient de toutes parts. Je ne ſçais quelles etoient les penſées de mes compagnes ; mais de quels ſentimens mon cœur ne fut-il point aſſailli ! Pour la premiere fois j'éprouvai du trouble, de l'inquiétude, & cependant du plaiſir. Confuſe des agitations de mon ame, j'allois me dérober à ta vue ; mais tu tournas tes pas vers moi : le reſpect me retint.

O mon cher Aza ! le ſouvenir de ce premier moment de mon bonheur me ſera toujours cher. Le ſon de ta voix, ainſi que le chant mélodieux de nos hymnes, porta dans mes veines le doux frémiſſement & le ſaint reſpect que nous inſpire la préſence de la Divinité.

Tremblante, interdite, la timidité m'avoit ravi jusqu'à l'usage de la voix ; enhardie enfin par la douceur de tes paroles, j'osai élever mes regards jusqu'à toi ; je rencontrai les tiens. Non, la mort même n'effacera pas de ma mémoire les tendres mouvemens de nos ames qui se rencontrerent, & se confondirent dans un instant.

Si nous pouvions douter de notre origine, mon cher Aza, ce trait de lumiere confondroit notre incertitude. Quel autre que le principe du feu auroit pû nous transmettre cette vive intelligence des cœurs, communiquée, répandue & sentie avec une rapidité inexplicable ?

J'étois trop ignorante sur les effets de l'amour pour ne pas m'y tromper. L'imagination remplie de la sublime Théologie de nos *Cucipatas* (a), je pris le feu qui m'animoit pour une agitation divine ; je crus que le Soleil me manifestoit sa volonté par ton organe, qu'il me choisissoit pour son épouse d'élite (*b*) : j'en soupi-

---

(*a*) Prêtres du Soleil.

(*b*) Il y avoit une Vierge choisie pour le Soleil, qui ne devoit jamais être mariée.

rai ; mais, après ton départ, j'examinai mon cœur, & je n'y trouvai que ton image.

Quel changement, mon cher Aza, ta présence avoit fait sur moi ! tous les objets me parurent nouveaux ; je crus voir mes compagnes pour la premiere fois. Qu'elles me parurent belles ! je ne pus soutenir leur présence. Retirée à l'écart, je me livrois au trouble de mon ame, lorsqu'une d'entr'elles vint me tirer de ma rêverie, en me donnant de nouveaux sujets de m'y livrer. Elle m'apprit qu'étant ta plus proche parente, j'étois destinée à être ton épouse, dès que mon âge permettroit cette union.

J'ignorois les loix de ton Empire (*a*) : mais depuis que je t'avois vu, mon cœur étoit trop éclairé pour ne pas saisir l'idée du bonheur d'être à toi. Cependant, loin d'en connoître toute l'étendue, accoutumée au nom sacré d'épouse du Soleil, je bornois mon espérance à te voir tous les

(*a*) Les loix des Indiens obligeoient les Incas d'épouser leurs sœurs ; &, quand ils n'en avoient point, de prendre pour femme la premiere Princesse du sang des Incas, qui étoit Vierge du Soleil.

jours, à t'adorer, à t'offrit des vœux comme à lui.

C'eſt toi, mon cher Aza, c'eſt toi qui dans la ſuite comblas mon ame de délices, en m'apprenant que l'auguſte rang de ton épouſe m'aſſocieroit à ton cœur, à ton thrône, à ta gloire, à tes vertus; que je jouirois ſans ceſſe de ces entretiens ſi rares & ſi courts au gré de nos deſirs, de ces entretiens qui ornoient mon eſprit des perfections de ton ame, & qui ajoutoient à mon bonheur la délicieuſe eſpérance de faire un jour le tien.

O mon cher Aza, combien ton impatience contre mon extrême jeuneſſe, qui retardoit notre union, étoit flatteuſe pour mon cœur! Combien les deux années qui ſe ſont écoulées t'ont paru longues, & cependant que leur durée a été courte! Hélas! le moment fortuné étoit arrivé. Quelle fatalité l'a rendu ſi funeſte? Quel Dieu pourſuit ainſi l'innocence & la vertu, ou quelle Puiſſance infernale nous a ſéparés de nous-mêmes? L'horreur me ſaiſit, mon cœur ſe déchire, mes larmes inondent mon ouvrage. Aza! mon cher Aza!...

LETTRE TROISIEME.

Les Espagnols transportent pendant la nuit Zilia dans un vaisseau. Prise du vaisseau Espagnol par les François. Surprise de Zilia à la vue des nouveaux objets qui l'environnent.

C'EST toi, chere lumiere de mes jours, c'est toi qui me rappelles à la vie. Voudrois-je la conserver, si je n'étois assurée que la mort auroit moissonné d'un seul coup tes jours & les miens ? Je touchois au moment où l'étincelle du feu divin dont le Soleil anime notre être, alloit s'éteindre : la Nature laborieuse se préparoit déja à donner une autre forme à la portion de matiere qui lui appartient en moi : je mourois ; tu perdois pour jamais la moitié de toi-même, lorsque mon amour m'a rendu la vie, & je t'en fais un sacrifice. Mais comment pourrai-je t'instruire des choses surprenantes qui me sont arrivées ? Comment me rappeller des idées déja confuses au moment où je les ai reçues, & que le tems qui s'est écoulé depuis, rend encore moins intelligibles ?

A peine, mon cher Aza, avois-je confié à notre fidèle *Chaqui* le dernier tissu de mes pensées, que j'entendis un grand mouvement dans notre habitation : vers le milieu de la nuit, deux de mes ravisseurs vinrent m'enlever de ma sombre retraite, avec autant de violence qu'ils en avoient employée à m'arracher du Temple du Soleil.

Je ne sçais par quel chemin on me conduisit : on ne marchoit que la nuit, & le jour on s'arrêtoit dans des déserts arides, sans chercher aucune retraite. Bientôt succombant à la fatigue, on me fit porter par je ne sçais quel *hamac* (a), dont le mouvement me fatiguoit presqu'autant que si j'eusse marché moi-même. Enfin, arrivés apparemment où l'on vouloit aller, une nuit ces barbares me porterent sur leurs bras dans une maison dont les approches, malgré l'obscurité, me parurent extrêmement difficiles. Je fus placée dans un lieu plus étroit & plus incommode que n'avoit jamais été

(*a*) Espèce de lit suspendu, dont les Indiens ont coutume de se servir pour se faire porter d'un endroit à l'autre.

ma premiere priſon. Mais, mon cher Aza ! pourrois-je te perſuader ce que je ne comprends pas moi-même, ſi tu n'étois aſſuré que le menſonge n'a jamais ſouillé les lèvres d'un enfant du Soleil (*a*) ? Cette maiſon, que j'ai jugé être fort grande par la quantité de monde qu'elle contenoit, cette maiſon, comme ſuſpendue, & ne tenant point à la terre, étoit dans un balancement continuel.

Il faudroit, ô lumiere de mon eſprit, que *Ticaiviracocha* eût comblé mon ame, comme la tienne, de ſa divine ſcience, pour pouvoir comprendre ce prodige. Toute la connoiſſance que j'en ai, eſt que cette demeure n'a pas été conſtruite par un être ami des hommes : car quelques momens après que j'y fus entrée, ſon mouvement continuel, joint à une odeur malfaiſante, me cauſerent un mal ſi violent, que je ſuis étonnée de n'y avoir pas ſuccombé : ce n'étoit que le commencement de mes peines.

Un tems aſſez long s'étoit écoulé ; je ne ſouffrois preſque plus, lorſqu'un

(*a*) Il paſſoit pour conſtant qu'un Péruvien n'avoit jamais menti.

matin je fus arrachée au fommeil par un bruit plus affreux que celui du *Yalpor* : notre habitation en recevoit des ébranlemens tels que la terre en éprouvera, lorfque la Lune, en tombant, réduira l'Univers en pouffiere (*a*). Des cris qui fe joignirent à ce fracas, le rendoient encore plus épouvantable ; mes fens faifis d'une horreur fecrette, ne portoient à mon ame que l'idée de la deftruction de la Nature entiere. Je croyois le péril univerfel ; je tremblois pour tes jours : ma frayeur s'accrût enfin jufqu'au dernier excès, à la vue d'une troupe d'hommes en fureur, le vifage & les habits enfanglantés, qui fe jetterent en tumulte dans ma chambre. Je ne foutins pas cette horrible fpectacle ; la force & la connoiffance m'abandonnerent : j'ignore encore la fuite de ce terrible évènement. Revenue à moi-même, je me trouvai dans un lit affez propre, entourée de plufieurs Sauvages, qui n'étoient plus les cruels Efpagnols, mais qui ne m'étoient pas moins inconnus.

(*a*) Les Indiens croyoient que la fin du Monde arriveroit par la Lune, qui fe laifferoit tomber fur la terre.

Peux-tu te représenter ma ſurpriſe, en me trouvant dans une demeure nouvelle, parmi des hommes nouveaux, ſans pouvoir comprendre comment ce changement avoit pu ſe faire? Je refermai promptement les yeux, afin que, plus recueillie en moi-même, je puſſe m'aſſurer ſi je vivois, ou ſi mon ame n'avoit point abandonné mon corps pour paſſer dans les régions inconnues (*a*).

Te l'avouerai-je, chere Idole de mon cœur? Fatiguée d'une vie odieuſe, rebutée de ſouffrir des tourmens de toute eſpèce, accablée ſous le poids de mon horrible deſtinée, je regardai avec indifférence la fin de ma vie que je ſentois approcher: je refuſai conſtamment tous les ſecours que l'on m'offroit; en peu de jours je touchai au terme fatal, & j'y touchai ſans regret.

L'épuiſement des forces anéantit le ſentiment; déjà mon imagination affoiblie ne recevoit plus d'images, que comme un léger deſſin tracé par une main trem-

---

(*a*) Les Indiens croyoient qu'après la mort, l'ame alloit dans des lieux inconnus pour y être récompenſée ou punie ſelon ſon mérite.

blante ; déjà les objets qui m'avoient le plus affectée, n'excitoient en moi que cette ſenſation vague, que nous éprouvons en nous laiſſant aller à une rêverie indéterminée ; je n'étois preſque plus. Cet état, mon cher Aza, n'eſt pas ſi fâcheux que l'on croit : de loin il nous effraie, parce que nous y penſons de toutes nos forces ; quand il eſt arrivé, affoiblis par les gradations des douleurs qui nous y conduiſent, le moment déciſif ne paroît que celui du repos. Cependant j'éprouvai que le penchant naturel qui nous porte durant la vie à pénétrer dans l'avenir, & même dans celui qui ne ſera plus pour nous, ſemble reprendre de nouvelles forces au moment de la perdre. On ceſſe de vivre pour ſoi ; on veut ſçavoir comment on vivra dans ce qu'on aime.

Ce fut dans un de ces délires de mon ame que je me crus tranſportée dans l'intérieur de ton palais ; j'y arrivois dans le moment où l'on venoit de t'apprendre ma mort. Mon imagination me peignit ſi vivement ce qui devoit ſe paſſer, que la vérité même n'auroit pas eu plus de pouvoir : je te vis, mon cher Aza, pâle, défiguré, privé de ſentiment, tel qu'un lys desséché par la brûlante ardeur du Midi. L'amour est-il donc quelquefois barbare ? Je jouissois de ta douleur, je l'excitois par de tristes adieux ; je trouvois de la douceur, peut-être du plaisir, à répandre sur tes jours le poison des regrets ; & ce même amour, qui me rendoit féroce, déchiroit mon cœur par l'horreur de tes peines. Enfin, réveillée comme d'un profond sommeil, pénétrée de ta propre douleur, tremblante pour ta vie, je demandai des secours, je revis la lumiere.

Te reverrai-je, toi, cher Arbitre de mon existence ? Hélas ! qui pourra m'en assurer ? Je ne sçais plus où je suis ; peut-être est-ce loin de toi. Mais dussions-nous être séparés par les espaces immenses qu'habitent les enfans du Soleil, le nuage léger de mes pensées volera sans cesse autour de toi.

LETTRE

LETTRE QUATRIEME.

Abbattement & maladie de Zilia. Amour & soins de Déterville.

QUEL que soit l'amour de la vie, mon cher Aza, les peines le diminuent, le désespoir l'éteint. Le mépris que la Nature semble faire de notre être, en l'abandonnant à la douleur, nous révolte d'abord; ensuite l'impossibilité de nous en délivrer, nous prouve une insuffisance si humiliante, qu'elle nous conduit jusqu'au dégoût de nous-mêmes.

Je ne vis plus en moi ni pour moi; chaque instant où je respire, est un sacrifice que je fais à ton amour, & de jour en jour il devient plus pénible. Si le tems apporte quelque soulagement à la violence du mal qui me dévore, il redouble les souffrances de mon esprit. Loin d'éclaircir mon sort, il semble le rendre encore plus obscur. Tout ce qui m'environne m'est inconnu, tout m'est nouveau, tout intéresse ma curiosité, & rien ne peut la satisfaire. En vain, j'emploie mon attention & mes efforts pour entendre, ou pour être entendue ; l'un & l'autre me ſont également impoſſibles. Fatiguée de tant de peines inutiles, je crus en tarir la ſource, en dérobant à mes yeux l'impreſſion qu'ils recevoient des objets : je m'obſtinai quelque tems à les tenir fermés ; efforts infructueux ! les ténébres volontaires auſquelles je m'étois condamnée, ne ſoulageoient que ma modeſtie toujours bleſſée de la vue de ces hommes, dont les ſervices & les ſecours ſont autant de ſupplices ; mais mon ame n'en étoit pas moins agitée. Renfermée en moi-même, mes inquiétudes n'en étoient que plus vives, & le deſir de les exprimer plus violent. L'impoſſibilité de me faire entendre, répand encore juſques ſur mes organes un tourment non moins inſupportable que des douleurs qui auroient une réalité plus apparente. Que cette ſituation eſt cruelle !

Hélas ! je croyois déjà entendre quelques mots des Sauvages Eſpagnols, j'y trouvois des rapports avec notre auguſte langage ; je me flattois qu'en peu de tems je pourrois m'expliquer avec eux : loin de trouver le même avantage avec mes nouveaux tyrans, ils s'expriment avec tant de rapidité, que je ne distingue pas même les inflexions de leur voix. Tout me fait juger qu'ils ne sont pas de la même nation; & à la différence de leurs manieres, & de leur caractere apparent, on devine sans peine que *Pachacamac* leur a distribué dans une grande disproportion les élémens dont il a formé les humains. L'air grave & farouche des premiers fait voir qu'ils sont composés de la matiere des plus durs métaux; ceux-ci semblent s'être échappés des mains du Créateur au moment où il n'avoit encore assemblé pour leur formation que l'air & le feu. Les yeux fiers, la mine sombre & tranquile de ceux-là, montroient assez qu'ils étoient cruels de sang-froid; l'inhumanité de leurs actions ne l'a que trop prouvé: le visage riant de ceux-ci, la douceur de leurs regards, un certain empressement répandu sur leurs actions, & qui paroît être de la bienveillance, prévient en leur faveur; mais je remarque des contradictions dans leur conduite, qui suspendent mon jugement.

Deux de ces Sauvages ne quittent presque pas le chevet de mon lit: l'un que j'ai jugé être le *Cacique* (a), à son air de grandeur, me rend, je crois, à sa façon, beaucoup de respects : l'autre me donne une partie des secours qu'exige ma maladie ; mais sa bonté est dure, ses secours sont cruels, & sa familiarité impérieuse.

Dès le premier moment où, revenue de ma foiblesse, je me trouvai en leur puissance, celui-ci, car je l'ai bien remarqué, plus hardi que les autres, voulut prendre ma main, que je retirai avec une confusion inexprimable ; il parut surpris de ma résistance, & sans aucun égard pour la modestie, il la reprit à l'instant : foible, mourante, & ne prononçant que des paroles qui n'étoient point entendues, pouvois-je l'en empêcher ? Il la garda, mon cher Aza, tout autant qu'il voulut, & depuis ce tems, il faut que je la lui donne moi-même plusieurs fois par jour, si je veux éviter des débats qui tournent toujours à mon désavantage.

(a) *Cacique* est une espèce de Gouverneur de Province.

Cette eſpèce de cérémonie (*a*) me paroît une ſuperſtition de ces peuples : j'ai cru remarquer que l'on y trouvoit des rapports avec mon mal : mais il faut apparemment être de leur nation, pour en ſentir les effets ; car je n'en éprouve que très-peu : je ſouffre toujours d'un feu intérieur qui me conſume ; à peine me reſte-t-il aſſez de force pour nouer mes *Quipos*. J'emploie à cette occupation, autant de tems que ma foibleſſe peut me le permettre : ces nœuds qui frappent mes ſens, ſemblent donner plus de réalité à mes penſées ; la ſorte de reſſemblance que je m'imagine qu'ils ont avec les paroles, me fait une illuſion qui trompe ma douleur : je crois te parler, te dire que je t'aime, t'aſſurer de mes vœux, de ma tendreſſe ; cette douce erreur eſt mon bien & ma vie. Si l'excès d'accablement m'oblige d'interrompre mon ouvrage, je gémis de ton abſence ; ainſi, toute entiere à ma tendreſſe, il n'y a pas un de mes momens qui ne t'appartienne.

(*a*) Les Indiens n'avoient aucune connoiſſance de la Médecine.

Hélas! quel autre uſage pourrois-je en faire? O mon cher Aza! quand tu ne ſerois pas le maître de mon ame; quand les chaînes de l'amour ne m'attacheroient pas inſéparablement à toi, plongée dans un abîme d'obſcurités, pourrois-je détourner mes penſées de la lumiere de ma vie? Tu es le Soleil de mes jours, tu les éclaires, tu les prolonges, ils ſont à toi. Tu me chéris; je conſens à vivre. Que feras-tu pour moi? Tu m'aimeras, je ſuis récompenſée.

LETTRE CINQUIEME.

Idées confuſes de Zilia ſur les ſecours qu'on lui donne, & ſur les marques de tendreſſe de Déterville.

QUE j'ai ſouffert, mon cher Aza, depuis les derniers nœuds que je t'ai conſacrés! La privation de mes *Quipos* manquoit au comble de mes peines; dès que mes officieux Perſécuteurs ſe ſont apperçus que ce travail augmentoit mon accablement, ils m'en ont ôté l'uſage.

On m'a enfin rendu le tréſor de ma

tendresse ; mais je l'ai acheté par bien des larmes ; il ne me reste que cette expression de mes sentimens ; il ne me reste que la triste consolation de te peindre mes douleurs : pouvois-je la perdre sans désespoir ?

Mon étrange destinée m'a ravi jusqu'à la douceur que trouvent les malheureux à parler de leurs peines : on croit être plaint, quand on est écouté : une partie de notre chagrin passe sur le visage de ceux qui nous écoutent ; quel qu'en soit le motif, il semble nous soulager. Je ne puis me faire entendre, & la gaieté m'environne.

Je ne puis même jouir paisiblement de la nouvelle espéce de désert où me réduit l'impuissance de communiquer mes pensées. Entourée d'objets importuns, leurs regards attentifs troublent la solitude de mon ame, contraignent les attitudes de mon corps, & portent la gêne jusques dans mes pensées : il m'arrive souvent d'oublier cette heureuse liberté que la Nature nous a donnée, de rendre nos sentimens impénétrables, & je crains quelquefois que ces Sauvages curieux ne devinent les réflexions désavantageuses que m'inspire la bisarrerie de leur conduite. Je me fais une étude gênante d'arranger mes pensées, comme s'ils pouvoient les pénétrer malgré moi.

Un moment détruit l'opinion qu'un autre moment m'avoit donnée de leur caractere & de leur façon de penser à mon égard.

Sans compter un nombre infini de petites contradictions, ils me refusent, mon cher Aza, jusqu'aux alimens nécessaires au soutien de la vie, jusqu'à la liberté de choisir la place où je veux être ; ils me retiennent par une espèce de violence dans ce lit, qui m'est devenu insupportable : je dois donc croire qu'ils me regardent comme leur esclave, & que leur pouvoir est tyrannique.

D'un autre côté, si je réfléchis sur l'envie extrême qu'ils témoignent de conserver mes jours, sur le respect dont ils accompagnent les services qu'ils me rendent, je suis tentée de penser qu'ils me prennent pour un être d'une espèce supérieure à l'humanité.

Aucun d'eux ne paroît devant moi, sans courber son corps plus ou moins, comme nous avons coutume de faire en adorant le Soleil. Le *Cacique* ſemble vouloir imiter les cérémonies des Incas au jour du *Raymi* (a) il ſe met ſur ſes genoux fort près de mon lit, il reſte un tems conſidérable dans cette poſture génante : tantôt il garde le ſilence, &, les yeux baiſſés, il ſemble rêver profondément : je vois ſur ſon viſage cet embarras reſpectueux que nous inſpire *le grand nom* (b) prononcé à haute voix. S'il trouve l'occaſion de ſaiſir ma main, il y porte ſa bouche avec la même vénération que nous avons pour le ſacré Diadême (*c*). Quelquefois il prononce un grand nombre de mots, qui ne reſſemblent point au langage ordinaire de ſa nation. Le ſon en eſt plus doux, plus diſtinct, plus meſuré ; il y joint cet air touché qui précéde les larmes, ces ſoupirs qui expriment les beſoins de l'ame, ces accens

(a) *Raymi*, principale fête du Soleil : l'Inca & les Prêtres l'adoroient à genoux.

(*b*) Le grand Nom étoit *Pachacamac* : on ne le prononçoit que rarement, & avec beaucoup de ſignes d'adoration.

(*c*) On baiſoit le Diadême de *Manco-Capac*, comme nous baiſons les Reliques de nos Saints.

qui ſont preſque des plaintes, enfin tout ce qui accompagne le deſir d'obtenir des graces. Hélas! mon cher Aza, s'il me connoiſſoit bien, s'il n'étoit pas dans quelque erreur ſur mon être, quelle priere auroit-il à me faire?

Cette nation ne ſeroit-elle point idolâtre? Je ne lui ai vu encore faire aucune adoration au Soleil; peut-être prennent-ils les femmes pour l'objet de leur culte. Avant que le Grand *Manco-Capac* (a) eût apporté ſur la terre les volontés du Soleil, nos Ancêtres diviniſoient tout ce qui les frappoit de crainte ou de plaiſir: peut-être ces Sauvages n'éprouvent-ils ces deux ſentimens que pour les femmes.

Mais, s'ils m'adoroient, ajouteroient-ils à mes malheurs l'affreuſe contrainte où ils me retiennent? Non, ils chercheroient à me plaire; ils obéiroient aux ſignes de mes volontés; je ſerois libre, je ſortirois de cette odieuſe demeure: j'irois chercher le maître de mon ame; un ſeul de ſes regards effaceroit le ſouvenir de tant d'infortunes.

(*a*) Premier Légiſlateur des Indiens. *Voyez* l'hiſtoire des Incas.

LETTRE SIXIEME.

Rétabliſſement de Zilia. Son étonnement & ſon déſeſpoir, en ſe voyant ſur un vaiſſeau. Elle veut ſe précipiter dans la mer.

QUELLE horrible ſurpriſe, mon cher Aza ! Que nos malheurs ſont augmentés ! Que nous ſommes à plaindre ! Nos maux ſont ſans remede ; il ne me reſte qu'à te l'apprendre & à mourir.

On m'a enfin permis de me lever : j'ai profité avec empreſſement de cette liberté ; je me ſuis traînée à une petite fenêtre, qui depuis long-tems étoit l'objet de mes deſirs curieux ; je l'ai ouverte avec précipitation. Qu'ai-je vu, cher amour de ma vie ! Je ne trouverai point d'expreſſions pour te peindre l'excès de mon étonnement, & le mortel déſeſpoir qui m'a ſaiſie, en ne decouvrant autour de moi que ce terrible élément dont la vue ſeule fait frémir.

Mon premier coup d'œil ne m'a que trop éclairée ſur le mouvement incommode de notre demeure. Je ſuis dans une de ces maiſons flottantes, dont les Eſpagnols ſe ſont ſervis pour atteindre juſqu'à nos malheureuſes contrées, & dont on ne m'avoit fait qu'une deſcription très-imparfaite.

Conçois-tu, cher Aza, quelles idées funeſtes ſont entrées dans mon ame avec cette affreuſe connoiſſance ? Je ſuis certaine que l'on m'éloigne de toi, je ne reſpire plus le même air, je n'habite plus le même élément : tu ignoreras toujours où je ſuis, ſi je t'aime, ſi j'exiſte ; la deſtruction de mon être ne paroîtra pas même un évènement aſſez conſidérable pour être porté juſqu'à toi. Cher Arbitre de mes jours, de quel prix te peut être déſormais ma vie infortunée ? Souffre que je rende à la Divinité un bienfait inſupportable, dont je ne veux plus jouir ; je ne te verrai plus, je ne veux plus vivre.

Je perds ce que j'aime : l'Univers eſt anéanti pour moi ; il n'eſt plus qu'un vaſte déſert que je remplis des cris de mon amour ; entends-les, cher objet de ma tendreſſe ; ſois-en touché, permets que je meure....

Quelle erreur me séduit ! Non, mon cher Aza, non, ce n'est pas toi qui m'ordonnes de vivre, c'est la timide Nature, qui, en frémissant d'horreur, emprunte ta voix, plus puissante que la sienne, pour retarder une fin toujours redoutable pour elle ; mais ç'en est fait, le moyen le plus prompt me délivrera de ses regrets. . . . .

Que la mer abîme à jamais dans ses flots ma tendresse malheureuse, ma vie & mon désespoir.

Reçois, trop malheureux Aza, reçois les derniers sentimens de mon cœur : il n'a reçu que ton image, il ne vouloit vivre que pour toi, il meurt rempli de ton amour. Je t'aime, je le pense, je le sens encore, je le dis pour la derniere fois. . . . .

LETTRE SEPTIEME.

Zilia, qu'on empêche de se précipiter, se repent de son projet.

AZA, tu n'as pas tout perdu : tu regnes encore sur un cœur ; je respire. La vigilance de mes Surveillans a rompu mon funeste dessein ; il ne me reste que la honte d'en avoir tenté l'exécution. Je ne t'apprendrai point les circonstances d'un projet aussi-tôt détruit que formé. Oserois-je jamais lever les yeux jusqu'à toi, si tu avois été témoin de mon emportement?

Ma raison, anéantie par le désespoir, ne m'étoit plus d'aucun secours ; ma vie ne me paroissoit d'aucun prix ; j'avois oublié ton amour.

Que le sang froid est cruel après la fureur ! Que les points de vue sont différens sur les mêmes objets ! Dans l'horreur du désespoir, on prend la férocité pour du courage, & la crainte des souffrances pour de la fermeté. Qu'un mot, un regard, une surprise nous rappelle à nous-mêmes, nous ne trouvons que de la foiblesse pour principe de notre héroïsme; pour fruit, que le repentir, & que le mépris pour récompense.

La connoissance de ma faute en est la plus sévere punition. Abandonnée à l'amertume des remords, ensevelie sous le voile de la honte, je me tiens à l'écart; je crains que mon corps n'occupe trop de place: je voudrois le dérober à la lumiere; mes pleurs coulent en abondance, ma douleur est calme, nul son ne l'exhale; mais je suis toute à elle. Puis-je trop expier mon crime? Il étoit contre toi.

En vain, depuis deux jours ces Sauvages bienfaisans voudroient me faire partager la joye qui les transporte. Je ne fais qu'en soupçonner la cause; mais quand elle me seroit plus connue, je ne me trouverois pas digne de me mêler à leurs fêtes. Leurs danses, leurs cris de joye, une liqueur rouge semblable au mays (*a*), dont ils boivent abondam-

(*a*) Le *mays* est une plante dont les Indiens font une boisson forte & salutaire; ils en présentent au Soleil les jours de ses fêtes, & ils en boivent jusqu'à l'yvresse après le Sacrifice. *Voyez* l'Histoire des Incas, tom. 2, pag. 111.

ment, leur empreſſement à contempler le Soleil par tous les endroits d'où ils peuvent l'appercevoir, ne me laiſſeroient pas douter que cette réjouiſſance ne ſe fît en l'honneur de l'Aſtre divin, ſi la conduite du *Cacique* étoit conforme à celle des autres. Mais, loin de prendre part à la joie publique, depuis ma faute commiſe, il n'en prend qu'à la douleur que j'ai. Son zele eſt plus reſpectueux, ſes ſoins plus aſſidus, ſon attention plus pénétrante.

Il a deviné que la préſence continuelle des Sauvages de ſa ſuite ajoutoit la contrainte à mon affliction; il m'a délivré de leurs regards importuns : je n'ai preſque plus que les ſiens à ſupporter.

Le croirois-tu, mon cher Aza? Il y a des momens où je trouve de la douceur dans ces entretiens muets; le feu de ſes yeux me rappelle l'image de celui que j'ai vu dans les tiens; j'y trouve des rapports qui ſéduiſent mon cœur. Hélas! que cette illuſion eſt paſſagere, & que les regrets qui la ſuivent ſont durables! Ils ne finiront qu'avec ma vie, puiſque je ne vis que pour toi.

LETTRE HUITIEME.

Zilia ranime ſes eſpérances à la vue de la terre.

QUAND un ſeul objet réunit toutes nos penſées, mon cher Aza, les évènemens ne nous intéreſſent que par les rapports que nous y trouvons avec lui. Si tu n'étois le ſeul mobile de mon ame, aurois-je paſſé, comme je viens de faire, de l'horreur du déſeſpoir à l'eſpérance la plus douce ? Le *Cacique* avoit déjà eſſayé pluſieurs fois inutilement de me faire approcher de cette fenêtre, que je ne regarde plus ſans frémir. Enfin, preſſée par de nouvelles inſtances, je m'y ſuis laiſſée conduire. Ah ! mon cher Aza, que j'ai été bien récompenſée de ma complaiſance !

Par un prodige incompréhenſible, en me faiſant regarder à travers une eſpèce de canne percée, il m'a fait voir la terre dans un éloignement, où, ſans le ſecours de cette merveilleuſe machine, mes yeux n'auroient pû atteindre.

En même tems, il m'a fait entendre par des signes qui commencent à me devenir familiers, que nous allons à cette terre, & que sa vue étoit l'unique objet des réjouissances que j'ai prises pour un sacrifice au Soleil.

J'ai senti d'abord tout l'avantage de cette découverte; l'espérance, comme un trait de lumiere, a porté sa clarté jusqu'au fond de mon cœur.

Il est certain que l'on me conduit à cette terre que l'on m'a fait voir; il est évident qu'elle est une portion de ton Empire, puisque le Soleil y répand ses rayons bienfaisans (a). Je ne suis plus dans les fers des cruels Espagnols. Qui pourroit donc m'empêcher de rentrer sous tes loix?

Oui, cher Aza, je vais me réunir à ce que j'aime. Mon amour, ma raison, mes desirs, tout m'en assure. Je vole dans tes bras; un torrent de joye se répand dans mon ame; le passé s'éva-

---

(a) Les Indiens ne connoissoient pas notre hémisphere, & croyoient que le Soleil n'éclairoit que la terre de ses enfans.

nouit ; mes malheurs ſont finis ; ils ſont oubliés ; l'avenir ſeul m'occupe ; c'eſt mon unique bien.

Aza, mon cher eſpoir, je ne t'ai pas perdu ; je verrai ton viſage, tes habits, ton ombre ; je t'aimerai, je te le dirai à toi-même : eſt-il des tourmens qu'un tel bonheur n'efface ?

LETTRE NEUVIEME.

Reconnoiſſance de Zilia pour les complaiſances de Déterville.

QUE les jours ſont longs, quand on les compte, mon cher Aza ! le tems, ainſi que l'eſpace, n'eſt connu que par ſes limites. Nos idées & notre vue ſe perdent également par la conſtante uniformité de l'un & de l'autre. Si les objets marquent les bornes de l'eſpace, il me ſemble que nos eſpérances marquent celles du tems, & que, ſi elles nous abandonnent, ou qu'elles ne ſoient pas ſenſiblement marquées, nous n'appercevons pas plus la durée du tems, que l'air qui remplit l'eſpace.

Depuis l'inſtant fatal de notre ſéparation, mon ame & mon cœur, également flétris par l'infortune, reſtoient enſevelis dans cet abandon total, horreur de la Nature, image du néant : les jours s'écouloient ſans que j'y priſſe garde ; aucun eſpoir ne fixoit mon attention ſur leur longueur : à préſent que l'eſpérance en marque tous les inſtans, leur durée me paroît infinie, & je goûte le plaiſir, en recouvrant la tranquillité de mon eſprit, de recouvrer la facilité de penſer.

Depuis que mon imagination eſt ouverte à la joie, une foule de penſées qui s'y préſentent, l'occupent juſqu'à la fatiguer. Des projets de plaiſir & de bonheur s'y ſuccèdent alternativement ; les idées nouvelles y ſont reçues avec facilité ; celles même dont je ne m'étois point apperçue, s'y retracent ſans les chercher.

Depuis deux jours, j'entends pluſieurs mots de la langue du *Cacique* que je ne croyois pas ſavoir. Ce ne ſont encore que les noms des objets : ils n'expriment point mes penſées, & ne me font point entendre celles des autres ; cependant ils me fourniſſent déjà quelques éclairciſſemens qui m'étoient néceſſaires.

Je ſais que le nom du *Cacique* eſt *Déterville*, celui de notre maiſon flottante, *Vaiſſeau*, & celui de la terre où nous allons, *France*.

Ce dernier m'a d'abord effrayé : je ne me ſouviens pas d'avoir entendu nommer ainſi aucune contrée de ton Royaume ; mais faiſant réflexion au nombre infini de celles qui le compoſent, dont les noms me ſont échappés, ce mouvement de crainte s'eſt bientôt évanoui ; pouvoit-il ſubſiſter long-tems avec la ſolide confiance que me donne ſans ceſſe la vue du Soleil ? Non, mon cher Aza, cet Aſtre divin n'éclaire que ſes enfans ; le ſeul doute me rendroit criminelle. Je vais rentrer ſous ton Empire, je touche au moment de te voir, je cours à mon bonheur.

Au milieu des tranſports de ma joie, la reconnoiſſance me prépare un plaiſir délicieux : tu combleras d'honneurs & de richeſſes le *Cacique* (a) bienfaiſant qui

(a) Les *Caciques* étoient tributaires des *Incas*.

nous rendra l'un à l'autre ; il portera dans sa Province le souvenir de Zilia ; la récompense de sa vertu le rendra plus vertueux encore, & son bonheur sera ta gloire.

Rien ne peut se comparer, mon cher Aza, aux bontés qu'il a pour moi ; loin de me traiter en esclave, il semble être le mién ; j'éprouve autant de complaisances de sa part, que j'en éprouvois de contradictions durant ma maladie : occupé de moi, de mes inquiétudes, de mes amusemens, il paroît n'avoir plus d'autres soins. Je les reçois avec un peu moins d'embarras, depuis qu'éclairée par l'habitude & la réflexion, je vois que j'étois dans l'erreur sur l'idolâtrie dont je le soupçonnois.

Ce n'est pas qu'il ne répete souvent à peu près les mêmes démonstrations que je prenois pour un culte ; mais le ton, l'air & la forme qu'il y employe, me persuadent que ce n'est qu'un jeu à l'usage de sa nation.

Il commence par me faire prononcer distinctement des mots de sa langue. Dès que j'ai répété après lui, *oui, je vous aime*, ou bien, *je vous promets d'être à vous*, la joye se répand sur son visage ; il me baise les mains avec transport, & avec un air de gaieté tout contraire au sérieux qui accompagne le culte divin.

Tranquille sur sa Religion, je ne le suis pas entiérement sur le pays d'où il tire son origine. Son langage & ses habillemens sont si différens des nôtres, que souvent ma confiance en est ébranlée. De fâcheuses réflexions couvrent quelquefois de nuages ma plus chere espérance : je passe successivement de la crainte à la joye, & de la joye à l'inquiétude.

Fatiguée de la confusion de mes idées, rebutée des incertitudes qui me déchirent, j'avois résolu de ne plus penser ; mais comment ralentir le mouvement d'une ame privée de toute communication, qui n'agit que sur elle-même, & que de si grands intérêts excitent à réfléchir ? Je ne le puis, mon cher Aza, je cherche des lumieres avec une agitation qui me dévore, & je me trouve sans cesse dans la plus profonde obscurité. Je savois que la privation d'un sens peut tromper à quelques égards, & je vois, avec surprise, que l'usage des miens m'entraîne d'erreurs en erreurs. L'intelligence des Langues seroit-elle celle de l'ame ? O cher Aza ! que mes malheurs me font entrevoir de fâcheuses vérités ! mais que ces tristes pensées s'éloignent de moi ; nous touchons à la terre. La lumiere de mes jours dissipera en un moment les ténèbres qui m'environnent.

LETTRE DIXIEME.

Débarquement de Zilia en France. Son erreur en se voyant dans un miroir. Son admiration à l'occasion de ce Phénomène, dont elle ne peut comprendre la cause.

JE suis enfin arrivée à cette Terre, l'objet de mes desirs, mon cher Aza ; mais je n'y vois encore rien qui m'annonce le bonheur que je m'en étois promis : tout ce qui s'offre à mes yeux me frappe, me surprend, m'étonne, & ne me laisse qu'une impression vague, une perplexité stupide, dont je ne cherche pas même à me délivrer. Mes erreurs

erreurs répriment mes jugemens ; je demeure incertaine, je doute presque de ce que je vois.

À peine étions-nous sortis de la maison flottante, que nous sommes entrés dans une ville bâtie sur le rivage de la mer. Le peuple, qui nous suivoit en foule, me paroît être de la même nation que le *Cacique* ; mais les maisons n'ont aucune ressemblance avec celles des villes du Soleil : si celles-là les surpassent en beauté, par la richesse de leurs ornemens, celles-ci sont fort au-dessus, par les prodiges dont elles sont remplies.

En entrant dans la chambre où Déterville m'a logée, mon cœur a tressailli ; j'ai vu dans l'enfoncement une jeune personne, habillée comme une Vierge du Soleil ; j'ai couru à elle les bras ouverts. Quelle surprise, mon cher Azà, quelle surprise extrême, de ne trouver qu'une résistance impénétrable, où je voyois une figure humaine se mouvoir dans un espace fort étendu !

L'étonnement me tenoit immobile, les yeux attachés sur cette ombre, quand Déterville m'a fait remarquer sa propre figure à côté de celle qui occupoit toute mon attention : je le touchois, je lui parlois, & je le voyois en même tems fort près & fort loin de moi.

Ces prodiges troublent la raison, ils offusquent le jugement ; que faut-il penser des habitans de ce pays ? Faut-il les craindre, faut-il les aimer ? Je me garderai bien de rien déterminer là-dessus.

Le *Cacique* m'a fait comprendre que la figure que je voyois, étoit la mienne ; mais de quoi cela m'instruit-il ? Le prodige en est-il moins grand ? Suis-je moins mortifiée de ne trouver dans mon esprit que des erreurs ou des ignorances ? Je le vois avec douleur, mon cher Aza ; les moins habiles de cette contrée sont plus savans que tous nos *Amautas*.

Déterville m'a donné une *China* (a) jeune & fort vive ; c'est une grande douceur pour moi que celle de revoir des femmes & d'en être servie : plusieurs autres s'empressent à me rendre des soins, & j'aimerois autant qu'elles ne le fissent pas ; leur présence réveille mes craintes. A la façon dont elles me regar-

(a) Servante ou femme de chambre.

dent, je vois bien qu'elles n'ont point été à *Cuzco* (a). Cependant je ne puis encore juger de rien, mon esprit flotte toujours dans une mer d'incertitudes; mon cœur seul inébranlable ne desire, n'espere, & n'attend qu'un bonheur sans lequel tout ne peut etre que peines.

LETTRE ONZIEME.

Jugement que porte Zilia des François & de leurs manieres.

QUOIQUE j'aie pris tous les soins qui sont en mon pouvoir pour acquérir quelque lumiere sur mon sort, mon cher Aza, je n'en suis pas mieux instruite que je l'étois il y a trois jours. Tout ce que j'ai pu remarquer, c'est que les Sauvages de cette contrée paroissent aussi bons, aussi humains que le *Cacique*; ils chantent & dansent, comme s'ils avoient tous les jours des terres à cultiver (*b*). Si je m'en

(*a*) Capitale du Pérou.

(*b*) Les terres se cultivoient en commun au Pérou, & les jours de ce travail étoient des jours de réjouissance.

rapportois à l'oppoſition de leurs uſages à ceux de notre nation, je n'aurois plus d'eſpoir; mais je me ſouviens que ton auguſte pere a ſoumis à ſon obéiſſance des Provinces fort éloignées, & dont les peuples n'avoient pas plus de rapport avec les nôtres : pourquoi celle-ci n'en ſeroit-elle pas une ? Le Soleil paroît ſe plaire à l'éclairer; il eſt plus beau, plus pur que je ne l'ai jamais vu, & j'aime à me livrer à la confiance qu'il m'inſpire : il ne me reſte d'inquiétude que ſur la longueur du tems qu'il faudra paſſer avant de pouvoir m'éclaircir ſur nos intérêts; car, mon cher Aza, je n'en puis plus douter, le ſeul uſage de la Langue du pays pourra m'apprendre la vérité & finir mes inquiétudes.

Je ne laiſſe échapper aucune occaſion de m'en inſtruire; je profite de tous les momens où Déterville me laiſſe en liberté pour prendre des leçons de ma *China*; c'eſt une foible reſſource : ne pouvant lui faire entendre mes penſées, je ne puis former aucun raiſonnement avec elle. Les ſignes du *Cacique* me ſont quelquefois plus utiles. L'habitude nous en a fait une eſpèce de langage, qui nous sert au moins à exprimer nos volontés. Il me mena hier dans une maison, où, sans cette intelligence, je me serois fort mal conduite.

Nous entrâmes dans une chambre plus grande & plus ornée que celle que j'habite ; beaucoup de monde y étoit assemblé. L'étonnement général que l'on témoigna à ma vue me déplut ; les ris excessifs que plusieurs jeunes filles s'efforçoient d'étouffer, & qui recommençoient lorsqu'elles levoient les yeux sur moi, exciterent dans mon cœur un sentiment si fâcheux, que je l'aurois pris pour de la honte, si je me fusse sentie coupable de quelque faute. Mais ne me trouvant qu'une grande répugnance à demeurer avec elles, j'allois retourner sur mes pas, quand un signe de Déterville me retint.

Je compris que je commettrois une faute, si je sortois, & je me gardai bien de rien faire qui méritât le blame que l'on me donnoit sans sujet ; je restai donc, & portant toute mon attention sur ces femmes, je crus démêler que la singularité de mes habits causoit seule la surprise des unes & les ris offensans des autres : j'eus pitié de leur foiblesse ; je ne penſai plus qu'à leur perſuader par ma contenance, que mon ame ne différoit pas tant de la leur, que mes habillemens de leurs parures.

Un homme, que j'aurois pris pour un *Curacas* (a), s'il n'eût été vêtu de noir, vint me prendre par la main d'un air affable, & me conduiſit auprès d'une femme, qu'à ſon air fier, je pris pour la *Pallas* (b) de la Contrée. Il lui dit pluſieurs paroles que je ſçais pour les avoir entendues prononcer mille fois à Déterville. *Qu'elle eſt belle! les beaux yeux!....* un autre homme lui répondit: *des graces, une taille de Nymphe!.....* Hors les femmes, qui ne dirent rien, tous répéterent à-peu-près les mêmes mots; je ne ſçais pas encore leur ſignification: mais ils expriment ſûrement des idées agréables; car en les prononçant, le viſage eſt toujours riant.

Le *Cacique* paroiſſoit extrêmement

(*a*) Les *Curacas* étoient de petits Souverains d'une Contrée; ils avoient le privilége de porter le même habit que les Incas.

(*b*.) Nom générique des Princeſſes.

satisfait de ce que l'on disoit ; il se tint toujours à côté de moi, ou, s'il s'en éloignoit, pour parler à quelqu'un, ses yeux ne me perdoient pas de vûe, & ses signes m'avertissoient de ce que je devois faire : de mon côté, j'étois fort attentive à l'observer pour ne point blesser les usages d'une nation si peu instruite des nôtres.

Je ne sçais, mon cher Aza, si je pourrai te faire comprendre combien les manieres de ces Sauvages m'ont paru extraordinaires.

Ils ont une vivacité si impatiente, que les paroles ne leur suffisant pas pour s'exprimer, ils parlent autant par le mouvement de leur corps, que par le son de leur voix. Ce que j'ai vu de leur agitation continuelle m'a pleinement persuadée du peu d'importance des démonstrations du *Cacique* qui m'ont tant causé d'embarras, & sur lesquelles j'ai fait tant de fausses conjectures.

Il baisa hier les mains de la *Pallas*, & celles de toutes les autres femmes ; il les baisa même au visage, ce que je n'avois pas encore vu : les hommes venoient l'embrasser ; les uns le prenoient par une main, les autres le tiroient par son habit, & tout cela avec une promptitude dont nous n'avons point d'idée.

A juger de leur esprit par la vivacité de leurs gestes, je suis sûre que nos expressions mesurées, que les sublimes comparaisons qui expriment si naturellement nos tendres sentimens & nos pensées affectueuses, leur paroîtroient insipides; ils prendroient notre air sérieux & modeste pour de la stupidité, & la gravité de notre démarche, pour un engourdissement. Le croirois-tu, mon cher Aza? Malgré leurs imperfections, si tu étois ici, je me plairois avec eux. Un certain air d'affabilité répandu sur tout ce qu'ils font, les rend aimables; & si mon ame étoit plus heureuse, je trouverois du plaisir dans la diversité des objets qui se présentent successivement à mes yeux; mais le peu de rapport qu'ils ont avec toi, efface les agrémens de leur nouveauté; toi seul fais mon bien & mes plaisirs.

LETTRE DOUZIEME.

Transports de Déterville, modérés tout-à-coup par le respect. Réflexions de Zilia sur l'état de Déterville, dont elle ignore la cause. Sa nouvelle surprise en se voyant dans un carrosse. Son admiration à la vue des beautés de la Nature.

J'AI passé bien du tems, mon cher Aza, sans pouvoir donner un moment à ma plus chere occupation ; j'ai cependant un grand nombre de choses extraordinaires à t'apprendre ; je profite d'un peu de loisir pour essayer de t'en instruire.

Le lendemain de ma visite chez la *Pallas*, Déterville me fit apporter un fort bel habillement à l'usage du pays. Après que ma petite *China* l'eût arrangé sur moi à sa fantaisie, elle me fit approcher de cette ingénieuse machine qui double les objets : quoique je dusse être accoutumée à ses effets, je ne pus encore me garantir de la surprise, en me voyant comme si j'étois vis-à-vis de moi-même.

Mon nouvel ajuſtement ne me déplut pas ; peut-être je regretterois davantage celui que je quitte, s'il ne m'avoit fait regarder par-tout avec une attention incommode.

Le *Cacique* entra dans ma chambre, au moment que la jeune fille ajoutoit encore pluſieurs bagatelles à ma parure ; il s'arréta à l'entrée de la porte & nous regarda long-tems ſans parler, ſa rêverie étoit ſi profonde, qu'il ſe détourna pour laiſſer ſortir la *China*, & ſe remit à ſa place, ſans s'en appercevoir ; les yeux attachés ſur moi, il parcouroit toute ma perſonne avec une attention ſérieuſe dont j'étois embarraſſée, ſans en ſçavoir la raiſon.

Cependant, afin de lui marquer ma reconnoiſſance pour ſes nouveaux bienfaits, je lui tendis la main, & ne pouvant exprimer mes ſentimens, je crus ne pouvoir lui rien dire de plus agréable que quelques-uns des mots qu'il ſe plaît à me faire répéter ; je tâchai même d'y mettre le ton qu'il y donne.

Je ne ſçais quel effet ils firent dans ce moment-la ſur lui ; mais ſes yeux s'animerent, ſon viſage s'enflamma, il vint à moi d'un air agité, il parut vouloir me prendre dans ses bras; puis s'arrêtant tout-à-coup, il me serra fortement la main, en prononçant d'une voix émue: *Non! .... le respect ..... sa vertu ....* & plusieurs autres mots que je n'entends pas mieux, & puis il courut se jetter sur son siége à l'autre côté de la chambre, où il demeura la tête appuyée dans ses mains, avec tous les signes d'une profonde douleur.

Je fus allarmée de son état, ne doutant pas que je ne lui eusse causé quelque peine; je m'approchai de lui pour lui en témoigner mon repentir; mais il me repoussa doucement sans me regarder, & je n'osai plus lui rien dire. J'étois dans le plus grand embarras, quand les domestiques entrerent pour nous apporter à manger; il se leva, nous mangeâmes ensemble à la maniere accoutumée, sans qu'il parût d'autre suite à sa douleur qu'un peu de tristesse; mais il n'en avoit ni moins de bonté, ni moins de douceur; tout cela me paroît inconcevable.

Je n'osois lever les yeux sur lui, ni me servir des signes qui ordinairement nous tenoient lieu d'entretien; cependant nous mangions dans un tems si différent de l'heure ordinaire des repas, que je ne pus m'empêcher de lui en témoigner ma surprise. Tout ce que je compris à sa réponse, fut que nous allions changer de demeure. En effet, le *Cacique*, après être sorti & rentré plusieurs fois, vint me prendre par la main; je me laissai conduire, en rêvant toujours à ce qui s'étoit passé, & en cherchant à démêler si le changement de lieu n'en étoit pas une suite.

A peine eûmes-nous passé la derniere porte de la maison, qu'il m'aida à monter un pas assez haut, & je me trouvai dans une petite chambre où l'on ne peut se tenir debout sans incommodité, où il n'y a pas assez d'espace pour marcher, mais où nous fûmes assis fort à l'aise, le *Cacique*, la *China* & moi. Ce petit endroit est agréablement meublé : une fenêtre de chaque côté l'éclaire suffisamment.

Tandis que je considérois avec surprise, & que je tâchois de deviner pourquoi Déterville nous enfermoit si étroitement, ô mon cher Aza! que les prodiges sont familiers dans ce pays! je sentis cette machine ou cabane, je ne sçais comment la nommer, je la sentis se mouvoir & changer de place. Ce mouvement me fit penser à la maison flottante : la frayeur me saisit ; le *Cacique*, attentif à mes moindres inquiétudes, me rassura, en me faisant voir par une des fenêtres, que cette machine suspendue assez près de la terre, se mouvoit par un secret que je ne comprenois pas.

Déterville me fit aussi voir que plusieurs *Hamas* (a), d'une espèce qui nous est inconnue, marchoient devant nous & nous traînoient après eux. Il faut, ô lumiere de mes jours, un génie plus qu'humain pour inventer des choses si utiles & si singulieres ; mais il faut aussi qu'il y ait dans cette nation quelques grands défauts qui modérent sa puissance, puisqu'elle n'est pas la maitresse du Monde entier.

Il y a quatre jours qu'enfermés dans cette merveilleuse machine, nous n'en sortons que la nuit pour prendre du repos dans la premiere habitation qui se ren-

(*a*) Nom générique des bêtes.

contre, & je n'en ſors jamais ſans regret. Je te l'avoue, mon cher Aza, malgré mes tendres inquiétudes, j'ai goûté, pendant ce voyage, des plaiſirs qui m'étoient inconnus. Renfermée dans le temple dès ma plus tendre enfance, je ne connoiſſois pas les beautés de l'Univers ; quel bien j'aurois perdu !

Il faut, ô l'ami de mon cœur, que la Nature ait placé dans ſes ouvrages un attrait inconnu que l'art le plus adroit ne peut imiter. Ce que j'ai vu des prodiges inventés par les hommes, ne m'a point cauſé le raviſſement que j'éprouve dans l'admiration de l'Univers. Les Campagnes immenſes, qui ſe changent & ſe renouvellent ſans ceſſe à mes regards, emportent mon ame avec autant de rapidité que nous les traverſons.

Les yeux parcourent, embraſſent & ſe repoſent tout à la fois ſur une infinité d'objets auſſi variés qu'agréables. On croit ne trouver de bornes à ſa vue que celles du Monde entier. Cette erreur nous flatte ; elle nous donne une idée ſatisfaiſante de notre propre grandeur, & ſemble nous rapprocher du Créateur de tant de merveilles.

A la fin d'un beau jour, le Ciel présente des images, dont la pompe & la magnificence surpassent de beaucoup celles de la terre.

D'un côté des nuées transparentes, assemblées autour du Soleil couchant, offrent à nos yeux des montagnes d'ombres & de lumiere, dont le majestueux désordre attire notre admiration jusqu'à l'oubli de nous-mêmes : de l'autre, un astre moins brillant s'éleve, reçoit & répand une lumiere moins vive sur les objets, qui, perdant leur activité par l'absence du Soleil, ne frappent plus nos sens que d'une maniere douce, paisible & parfaitement harmonique avec le silence qui règne sur la terre. Alors, revenant à nous-mêmes, un calme délicieux pénetre dans notre ame : nous jouissons de l'Univers comme le possédant seuls ; nous n'y voyons rien qui ne nous appartienne : une sérénité douce nous conduit à des réflexions agréables ; & si quelques regrets viennent les troubler, ils ne naissent que de la nécessité de s'arracher à cette douce rêverie pour nous renfermer dans les folles prisons que les hommes se sont faites, & que toute leur industrie ne pourra jamais rendre que méprisables, en les comparant aux ouvrages de la Nature.

Le *Cacique* a eu la complaisance de me faire sortir tous les jours de la cabane roulante, pour me laisser contempler à loisir ce qu'il me voyoit admirer avec tant de satisfaction.

Si les beautés du ciel & de la terre ont un attrait si puissant sur notre ame, celles des forêts, plus simples & plus touchantes, ne m'ont causé ni moins de plaisir ni moins d'étonnement.

Que les bois sont délicieux, mon cher Aza ! En y entrant, un charme universel se répand sur tous les sens, & confond leur usage. On croit voir la fraîcheur avant de la sentir; les différentes nuances de la couleur des feuilles adoucissent la lumiere qui les pénétre, & semblent frapper le sentiment aussi-tôt que les yeux. Une odeur agréable, mais indéterminée, laisse à peine discerner si elle affecte le goût ou l'odorat; l'air même, sans être apperçu, porte dans tout notre être une volupté pure, qui semble nous donner un sens de plus, sans pouvoir en désigner l'organe.

O mon cher Aza ! que ta présence embelliroit des plaisirs si purs! Que j'ai désiré de les partager avec toi! Témoin de mes tendres pensées, je t'aurois fait trouver dans les sentimens de mon cœur des charmes encore plus touchans que ceux des beautés de l'Univers.

LETTRE TREIZIEME.

Arrivée de Zilia à Paris. Elle est différemment accueillie de la mere & de la sœur de Déterville.

ME voici enfin, mon cher Aza, dans une ville nommée Paris : c'est le terme de notre voyage ; mais, selon les apparences, ce ne sera pas celui de mes chagrins.

Depuis que je suis arrivée, plus attentive que jamais sur tout ce qui se passe, mes découvertes ne produisent que du tourment, & ne me présagent que des malheurs. Je trouve ton idée dans le moindre de mes desirs curieux, & je ne la rencontre dans aucun des objets qui s'offrent à ma vûe.

Autant que j'en puis juger, par le tems

que nous avons employé à traverſer cette ville, & par le grand nombre d'habitans dont les rues ſont remplies, elle contient plus de monde que n'en pourroient raſſembler deux ou trois de nos Contrées.

Je me rappelle les merveilles que l'on m'a racontées de *Quito*, je cherche à trouver ici quelques traits de la peinture que l'on m'a faite de cette grande ville; mais, hélas! quelle différence!

Celle-ci contient des ponts, des rivieres, des arbres, des campagnes; elle me paroît un Univers, plutôt qu'une habitation particuliere. J'eſſaierois en vain de te donner une idée juſte de la hauteur des maiſons; elles ſont ſi prodigieuſement élevées, qu'il eſt plus facile de croire que la Nature les a produites telles qu'elles ſont, que de comprendre comment des hommes ont pû les conſtruire.

C'eſt ici que la famille du *Cacique* fait ſa réſidence. La maiſon qu'elle habite eſt preſque auſſi magnifique que celle du Soleil; les meubles & quelques endroits des murs ſont d'or; le reſte eſt orné d'un tiſſu varié des plus belles couleurs qui repréſentent aſſez bien les beautés de la Nature.

En arrivant, Déterville me fit entendre qu'il me conduisoit dans la chambre de sa mere. Nous la trouvâmes à demi couchée sur un lit, à-peu-près de la même forme que celui des *Incas*, & de même métal (*a*). Après avoir présenté sa main au *Cacique*, qui la baisa en se prosternant presque jusqu'à terre : elle l'embrassa ; mais avec une bonté si froide, une joie si contrainte, que, si je n'eusse été avertie, je n'aurois pas reconnu les sentimens de la Nature dans les caresses de cette mere.

Après s'être entretenus un moment, le *Cacique* me fit approcher ; elle jetta sur moi un regard dédaigneux, & sans répondre à ce que son fils lui disoit, elle continua d'entourer gravement ses doigts d'un cordon qui pendoit à un petit morceau d'or.

Déterville nous quitta pour aller au-devant d'un grand homme de bonne mine qui avoit fait quelques pas vers lui ; il l'embrassa, aussi-bien qu'une autre femme qui étoit occupée de la même maniere que la *Pallas*.

(*a*) Les lits, les chaises, les tables des Incas étoient d'or massif.

Dès que le *Cacique* avoit paru dans cette chambre, une jeune fille à-peu-près de mon âge étoit accourue; elle le suivoit avec un empressement timide qui étoit remarquable. La joie éclatoit sur son visage, sans en bannir un fond de tristesse intéressant. Déterville l'embrassa la derniere; mais avec une tendresse si naturelle, que mon cœur s'en émut. Hélas! mon cher Aza, quels seroient nos transports, si, après tant de malheurs, le sort nous réunissoit.

Pendant ce tems, j'étois restée auprès de la *Pallas* par respect (*a*); je n'osois m'en éloigner, ni lever les yeux sur elle. Quelques regards séveres qu'elle jettoit de tems en tems sur moi, achevoient de m'intimider, & me donnoient une contrainte qui gênoit jusqu'à mes pensées.

Enfin, comme si la jeune fille eût deviné mon embarras, après avoir quitté Déterville, elle vint me prendre par la main, & me conduisit près d'une fenêtre où nous nous assîmes. Quoique

(*a*) Les filles, quoique du sang Royal, portoient un grand respect aux femmes mariées.

je n'entendisse rien de ce qu'elle me disoit, ses yeux pleins de bonté me parloient le langage universel des cœurs bienfaisans; ils m'inspiroient la confiance & l'amitié : j'aurois voulu lui témoigner mes sentimens ; mais ne pouvant m'exprimer, selon mes desirs, je prononçai tout ce que je savois de sa Langue.

Elle en sourit plus d'une fois, en regardant Déterville d'un air fin & doux. Je trouvois du plaisir dans cette espèce d'entretien, quand la *Pallas* prononça quelques paroles assez haut, en regardant la jeune fille, qui baissa les yeux, repoussa ma main qu'elle tenoit dans les siennes, & ne me regarda plus.

A quelque tems de-là, une vieille femme d'une physionomie farouche entra, s'approcha de la *Pallas*, vint ensuite me prendre par le bras, me conduisit presque malgré moi dans une chambre au plus haut de la maison, & m'y laissa seule.

Quoique ce moment ne dût pas être le plus malheureux de ma vie, mon cher Aza, il n'a pas été un des moins fâcheux. J'attendois de la fin de mon voyage quelque ſoulagement à mes inquiétudes ; je comptois du moins trouver dans la famille du *Cacique* les mêmes bontés qu'il m'avoit témoignées. Le froid accueil de la *Pallas*, le changement ſubit des manieres de la jeune fille, la rudeſſe de cette femme qui m'avoit arrachée d'un lieu où j'avois intérêt de reſter, l'inattention de Déterville qui ne s'étoit point opposé à l'eſpèce de violence qu'on m'avoit faite ; enfin toutes les circonſtances dont une ame malheureuſe ſçait augmenter ſes peines, ſe préſenterent à la fois ſous les plus triſtes aſpects. Je me croyois abandonnée de tout le monde, je déplorois amèrement mon affreuſe deſtinée, quand je vis entrer ma *China*.

Dans la ſituation où j'étois, ſa vue me parut un bonheur ; je courus à elle, je l'embraſſai en verſant des larmes ; elle en fut touchée : ſon attendriſſement me fut cher. Quand on ſe croit réduit à la pitié de ſoi-même, celle des autres eſt bien précieuſe. Les marques d'affection de cette jeune fille adoucirent ma peine : je lui comptois mes chagrins comme ſi elle eût pu m'entendre ; je lui faiſois mille questions, comme si elle eût pu y répondre : ses larmes parloient à mon cœur : les miennes continuoient à couler ; mais elles avoient moins d'amertume.

J'espérois encore revoir Déterville à l'heure du repas ; mais on me servit à manger, & je ne le vis point. Depuis que je t'ai perdu, chere idole de mon cœur, ce *Cacique* est le seul humain qui ait eu pour moi de la bonté sans interruption ; l'habitude de le voir s'est tournée en besoin. Son absence redoubla ma tristesse : après l'avoir attendu vainement, je me couchai ; mais le sommeil n'avoit point encore tari mes larmes, quand je le vis entrer dans ma chambre, suivi de la jeune personne dont le dédain m'avoit été si sensible.

Elle se jetta sur mon lit, &, par mille caresses, elle sembloit vouloir réparer le mauvais traitement qu'elle m'avoit fait.

Le *Cacique* s'assit à côté du lit ; il paroissoit avoir autant de plaisir à me revoir, que j'en sentois de n'en être point abandonnée ; ils se parloient en me regardant, & m'accabloient des plus tendres marques d'affection.

Insensiblement leur entretien devint plus sérieux. Sans entendre leurs discours, il m'étoit aisé de juger qu'ils étoient fondés sur la confiance & l'amitié : je me gardai bien de les interrompre ; mais sitôt qu'ils revinrent à moi, je tâchai de tirer du *Cacique* des éclaircissemens sur ce qui m'avoit paru de plus extraordinaire depuis mon arrivée.

Tout ce que je pus comprendre à ses réponses, fut que la jeune fille que je voyois se nommoit Céline, qu'elle étoit sa sœur, que le grand homme que j'avois vu dans la chambre de la *Pallas* étoit son frere aîné, & l'autre jeune femme l'épouse de ce frere.

Céline me devint plus chere, en apprenant qu'elle étoit sœur du *Cacique* ; la compagnie de l'un & de l'autre m'étoit si agréable, que je ne m'apperçus point qu'il étoit jour avant qu'ils me quittassent.

Après leur départ, j'ai passé le reste du tems destiné au repos à m'entretenir avec toi ; c'est tout mon bien, c'est toute ma joie. C'est à toi seul, chere ame de mes pensées, que je développe mon cœur : tu seras à jamais le seul dépositaire de mes secrets, de ma tendresse & de mes sentimens.

LETTRE

LETTRE QUATORZIEME.

Mortifications qu'essuie Zilia dans un cercle de differentes personnes.

SI je ne continuois, mon cher Aza, à prendre sur mon sommeil le tems que je te donne, je ne jouirois plus de ces momens délicieux où je n'existe que pour toi. On m'a fait reprendre mes habits de vierge, & l'on m'oblige de rester tout le jour dans une chambre remplie d'une foule de monde qui se change & se renouvelle à tout moment sans presque diminuer.

Cette dissipation involontaire m'arrache souvent, malgré moi, à mes tendres pensées; mais si je perds pour quelques instans cette attention vive qui unit sans cesse mon ame à la tienne, je te retrouve bientôt dans les comparaisons avantageuses que je fais de toi avec tout ce qui m'environne.

Dans les différentes contrées que j'ai parcourues, je n'ai point vu de Sauvages si orgueilleusement familiers que ceux-ci.

Les femmes sur-tout me paroissent avoir une bonté méprisante qui révolte l'Humanité, & qui m'inspireroit peut-être autant de mépris pour elles, qu'elles en témoignent pour les autres, si je les connoissois mieux.

Une d'entr'elles m'occasionna hier un affront, qui m'afflige encore aujourd'hui. Dans le tems que l'assemblée étoit la plus nombreuse, elle avoit déjà parlé à plusieurs personnes sans m'appercevoir ; soit que le hasard, ou que quelqu'un m'ait fait remarquer, elle fit un éclat de rire, en jettant les yeux sur moi, quitta précipitamment sa place, vint à moi, me fit lever ; & après m'avoir tournée & retournée autant de fois que sa vivacité le lui suggéra, après avoir touché tous les morceaux de mon habit avec une attention scrupuleuse, elle fit signe à un jeune homme de s'approcher, & recommença avec lui l'examen de ma figure.

Quoique je répugnasse à la liberté que l'un & l'autre se donnoient, la richesse des habits de la femme, me la faisant prendre pour une *Pallas*, & la magnificence de ceux du jeune homme tout couvert de plaques d'or, pour un *An-*

qui (*a*), je n'osois m'opposer à leur volonté; mais ce Sauvage téméraire, enhardi par la familiarité de la *Pallas*, & peut-être par ma retenue, ayant eu l'audace de porter la main sur ma gorge, je le repoussai avec une surprise & une indignation qui lui firent connoître que j'étois mieux instruite que lui des loix de l'honnêteté.

Au cri que je fis, Déterville accourut: il n'eut pas plutôt dit quelques paroles au jeune Sauvage, que celui-ci s'appuyant d'une main sur son épaule, fit des ris si violens, que sa figure en étoit contrefaite.

Le *Cacique* s'en débarrassa, & lui dit, en rougissant, des mots d'un ton si froid, que la gaieté du jeune homme s'évanouit, & n'ayant apparemment plus rien à répondre, il s'éloigna sans répliquer, & ne revint plus.

O mon cher Aza! que les mœurs de ces pays me rendent respectables celles des enfans du Soleil! que la témérité du

(*a*) Prince du Sang: il falloit une permission de l'Inca pour porter de l'or sur les habits, & il ne le permettoit qu'aux Princes du Sang Royal.

jeune *Anqui* rappelle chérement à mon souvenir ton tendre respect, ta sage retenue & les charmes de l'honnêteté qui régnoit dans nos entretiens ! Je l'ai senti au premier moment de ta vue, cheres délices de mon ame, & je le sentirai toute ma vie ; toi seul réunis toutes les perfections que la Nature a répandues séparément sur les humains, comme elle a rassemblé dans mon cœur tous les sentimens de tendresse & d'admiration qui m'attachent à toi jusqu'à la mort.

LETTRE QUINZIEME.

Admiration de Zilia pour les présens que Déterville lui fait.

PLUS je vis avec le *Cacique* & sa sœur, mon cher Aza, plus j'ai de peine à me persuader qu'ils soient de cette nation : eux seuls connoissent & respectent la vertu.

Les manieres simples, la bonté naïve, la modeste gaieté de Céline feroient volontiers penser qu'elle a été élevée parmi nos Vierges. La douceur honnête, le tendre sérieux de son frere, persuaderoient facilement qu'il est né du sang des *Incas*. L'un & l'autre me traitent avec autant d'humanité, que nous en exercerions à leur égard, si des malheurs les eussent conduits parmi nous. Je ne doute même plus que le *Cacique* ne soit ton tributaire (*a*).

Il n'entre jamais dans ma chambre, sans m'offrir un présent de quelques-unes des choses merveilleuses dont cette contrée abonde. Tantôt ce sont des morceaux de la machine qui double les objets renfermés dans de petits coffres d'une matiere admirable. Une autre fois ce sont des pierres légères & d'un éclat surprenant, dont on orne ici presque toutes les parties du corps; on en passe aux oreilles, on en met sur l'estomac, au cou, sur la chaussure, & cela est très-agréable à voir.

(*a*) Les *Caciques* & les *Curacas* étoient obligés de fournir les habits & l'entretien de l'*Inca* & de la Reine. Ils ne se présentoient jamais devant l'un & l'autre sans leur offrir un tribut des curiosités que produisoit la Province où ils commandoient.

Mais ce que je trouve de plus amusant, ce sont de petits outils d'un métal fort dur, & d'une commodité singuliere. Les uns servent à composer des ouvrages que Céline m'apprend à faire ; d'autres, d'une forme tranchante, servent à diviser toutes sortes d'étoffes, dont on fait tant de morceaux que l'on veut sans effort, & d'une maniere fort divertissante.

J'ai une infinité d'autres raretés plus extraordinaires encore; mais n'étant point à notre usage, je ne trouve dans notre langue aucuns termes qui puissent t'en donner l'idée.

Je te garde soigneusement tous ces dons, mon cher Aza ; outre le plaisir que j'aurai de ta surprise, lorsque tu les verras, c'est qu'assurément ils sont à toi.

Si le *Cacique* n'étoit soumis à ton obéissance, me paieroit-il un tribut qu'il sçait n'être dû qu'à ton rang suprême ? Les respects qu'il m'a toujours rendus m'ont fait penser que ma naissance lui étoit connue. Les présens dont il m'honore me persuadent, sans aucun doute, qu'il n'ignore pas que je dois être ton Epouse, puisqu'il me traite d'avance en *Mama-Oella* (a).

(*a*) C'est le nom que prenoient les Reines en montant sur le trône.

Cette conviction me rassure & calme une partie de mes inquiétudes ; je comprends qu'il ne me manque que la liberté de m'exprimer pour sçavoir du *Cacique* les raisons qui l'engagent à me retenir chez lui, & pour le déterminer à me remettre en ton pouvoir ; mais jusques-là j'aurai encore bien des peines à souffrir.

Il s'en faut beaucoup que l'humeur de *Madame*, (c'est le nom de la mere de Déterville), ne soit aussi aimable que celle de ses enfans. Loin de me traiter avec autant de bonté, elle me marque en toutes occasions une froideur & un dédain qui me mortifient, sans que je puisse en découvrir la cause ; & par une opposition de sentimens que je comprends encore moins, elle exige que je sois continuellement avec elle.

C'est pour moi une gêne insupportable ; la contrainte règne par-tout où elle est : ce n'est qu'à la dérobée que Céline & son frere me font des signes d'amitié. Eux-mêmes n'osent se parler librement devant elle. Aussi continuent-ils à passer une partie des nuits dans ma chambre ; c'est le seul tems où nous jouissons en paix du plaisir de nous voir ;

&, quoique je ne participe guere à leurs entretiens, leur présence m'est toujours agréable. Il ne tient pas aux soins de l'un & de l'autre que je ne sois heureuse. Hélas! mon cher Aza, ils ignorent que je ne puis l'être loin de toi, & que je ne crois vivre qu'autant que ton souvenir & ma tendresse m'occupent toute entiere.

LETTRE SEIZIEME.

Zilia apprend la Langue françoise. Ses réflexions sur le caractere de notre Nation.

IL me reste si peu de *Quipos*, mon cher Aza, qu'à peine j'ose en faire usage. Quand je veux les nouer, la crainte de les voir finir m'arrête, comme si, en les épargnant, je pouvois les multiplier. Je vais perdre le plaisir de mon ame, le soutien de ma vie: rien ne soulagera le poids de ton absence; j'en serai accablée.

Je goûtois une volupté délicate à conserver le souvenir des plus secrets mouvemens de mon cœur pour t'en offrir l'hommage. Je voulois conſerver la mémoire des principaux uſages de cette nation ſinguliere, pour amuſer ton loiſir dans des jours plus heureux. Hélas ! il me reſte bien peu d'eſpérance de pouvoir exécuter mes projets.

Si je trouve à préſent tant de difficultés à mettre de l'ordre dans mes idées, comment pourrai-je dans la ſuite me les rappeller ſans un ſecours étranger ? On m'en offre un, il eſt vrai ; mais l'exécution en eſt ſi difficile, que je la crois impoſſible.

Le *Cacique* m'a amené un Sauvage de cette contrée qui vient tous les jours me donner des leçons de ſa Langue & de la méthode dont on ſe ſert ici pour donner une ſorte d'exiſtence aux penſées. Cela ſe fait en traçant avec une plume, de petites figures que l'on appelle *lettres*, ſur une matiere blanche & mince que l'on nomme *papier*. Ces figures ont des noms ; ces noms mêlés enſemble repréſentent les ſons des paroles ; mais ces noms & ces ſons me paroiſſent ſi peu diſtincts les uns des autres, que, ſi je réuſſis un jour à les entendre, je ſuis bien aſſurée que ce ne ſera pas ſans beaucoup de peines.

Ce pauvre Sauvage s'en donne d'incroyables pour m'instruire; je m'en donne bien davantage pour apprendre : cependant je fais si peu de progrès, que je renoncerois à l'entreprise, si je sçavois qu'une autre voie pût m'éclaircir de ton sort & du mien.

Il n'en est point, mon cher Aza! Aussi ne trouvé-je plus de plaisir que dans cette nouvelle & singuliere étude. Je voudrois vivre seule, afin de m'y livrer sans relâche; & la nécessité que l'on m'impose d'être toujours dans la chambre de *Madame*, me devient un supplice.

Dans les commencemens, en excitant la curiosité des autres, j'amusois la mienne; mais quand on ne peut faire usage que des yeux, ils sont bientôt satisfaits. Toutes les femmes se peignent le visage de la même couleur : elles ont toujours les mêmes manieres ; & je crois qu'elles disent toujours les mêmes choses. Les apparences sont plus variées dans les hommes. Quelques-uns ont l'air de penser ; mais en général je soupçonne cette Nation de n'être point telle qu'elle paroît; je pense que l'affectation est son caractère dominant.

Si les démonſtrations de zèle & d'empreſſement dont on décore ici les moindres devoirs de la ſociété, étoient naturels, il faudroit, mon cher Aza, que ces peuples euſſent dans le cœur plus de bonté, plus d'humanité que les nôtres : cela ſe peut-il penſer ?

S'ils avoient autant de ſérénité dans l'ame que ſur le viſage ; ſi le penchant à la joie, que je remarque dans toutes leurs actions, étoit ſincère, choiſiroient-ils, pour leurs amuſemens, des ſpectacles tels que celui que l'on m'a fait voir ?

On m'a conduite dans un endroit, où l'on repréſente, à-peu-près comme dans ton Palais, les actions des hommes qui ne ſont plus (*a*) ; avec cette différence, que, ſi nous ne rappellons que la mémoire des plus ſages & des plus vertueux, je crois qu'ici on ne célebre que les inſenſés & les méchans. Ceux qui les repréſentent, crient & s'agitent comme des furieux ; j'en ai vu un pouſſer ſa rage juſqu'à ſe

---

(*a*) Les Incas faiſoient repréſenter des eſpèces de Comédies, dont les ſujets étoient tirés des meilleures actions de leurs prédéceſſeurs.

tuer lui-même. De belles femmes, qu'apparemment ils persécutent, pleurent sans cesse, & font des gestes de désespoir, qui n'ont pas besoin des paroles dont ils sont accompagnés, pour faire connoître l'excès de leur douleur.

Pourroit-on croire, mon cher Aza, qu'un peuple entier, dont les dehors sont si humains, se plaise à la représentation des malheurs ou des crimes qui ont autrefois avili, ou accablé leurs semblables?

Mais, peut-être a-t-on besoin ici de l'horreur du vice pour conduire à la vertu. Cette pensée me vient sans la chercher: si elle étoit juste, que je plaindrois cette nation! La nôtre, plus favorisée de la Nature, chérit le bien par ses propres attraits; il ne nous faut que des modèles de vertu pour devenir vertueux, comme il ne faut que t'aimer pour devenir aimable.

LETTRE DIX-SEPTIEME.

Parallèle que fait Zilia de nos différens Spectacles.

JE ne ſçais plus que penſer du génie de cette nation, mon cher Aza. Il parcourt les extrêmes avec tant de rapidité, qu'il faudroit être plus habile que je ne le ſuis pour aſſeoir un jugement ſur ſon caractère.

On m'a fait voir un ſpectacle totalement oppoſé au premier. Celui-là, cruel, effrayant, révolte la raiſon, & humilie l'Humanité. Celui-ci, amuſant, agréable, imite la Nature, & fait honneur au bon ſens. Il eſt compoſé d'un bien plus grand nombre d'hommes & de femmes que le premier. On y repréſente auſſi quelques actions de la vie humaine; mais ſoit que l'on exprime la peine ou le plaiſir, la joie ou la triſteſſe, c'eſt toujours par des chants & des danſes.

Il faut, mon cher Aza, que l'intelligence des ſons ſoit univerſelle; car il ne m'a pas été plus difficile de m'affecter des différentes paſſions que l'on a repréſentées, que si elles eussent été exprimées dans notre Langue; & cela me paroît bien naturel.

Le langage humain est, sans doute, de l'invention des hommes, puisqu'il differe suivant les différentes nations. La Nature, plus puissante & plus attentive aux besoins & aux plaisirs de ses créatures, leur a donné des moyens généraux de les exprimer, qui sont fort bien imités par les chants que j'ai entendus.

S'il est vrai que des sons aigus expriment mieux le besoin de secours dans une crainte violente, ou dans une douleur vive, que des paroles entendues dans une partie du Monde, & qui n'ont aucune signification dans l'autre, il n'est pas moins certain que de tendres gémissemens frappent nos cœurs d'une compassion bien plus efficace que des mots dont l'arrangement bizarre fait souvent un effet contraire.

Les sons vifs & légers ne portent-ils pas inévitablement dans notre ame le plaisir gai, que le récit d'une histoire divertissante, ou une plaisanterie adroite n'y fait jamais naître qu'imparfaitement?

Est-il, dans aucune langue, des expreſſions qui puiſſent communiquer le plaiſir ingénu avec autant de ſuccès que font les jeux naïfs des animaux ? Il ſemble que les danſes veulent les imiter ; du moins inſpirent-elles à-peu-près le même ſentiment.

Enfin, mon cher Aza, dans ce ſpectacle tout eſt conforme à la Nature & à l'Humanité. Eh ! quel bien peut-on faire aux hommes, qui égale celui de leur inſpirer de la joie ?

J'en reſſentis moi-même, & j'en emportois preſque malgré moi, quand elle fut troublée par un accident qui arriva à Céline.

En ſortant, nous nous étions un peu écartées de la foule, & nous nous ſoutenions l'une & l'autre de crainte de tomber. Déterville étoit à quelques pas devant nous avec ſa belle-ſœur qu'il conduiſoit, lorſqu'un jeune Sauvage, d'une figure aimable, aborda Céline, lui dit quelques mots fort bas, lui laiſſa un morceau de papier, qu'à peine elle eut la force de recevoir, & s'éloigna.

Céline, qui s'étoit effrayée à ſon abord juſqu'à me faire partager le tremblement qui la ſaiſit, tourna la tête languissamment vers lui, lorsqu'il nous quitta. Elle me parut si foible, que, la croyant attaquée d'un mal subit, j'allois appeller Déterville pour la secourir; mais elle m'arrêta & m'imposa silence en me mettant un de ses doigts sur la bouche; j'aimai mieux garder mon inquiétude, que de lui désobéir.

Le même soir, quand le frere & la sœur se furent rendus dans ma chambre, Céline montra au *Cacique* le papier qu'elle avoit reçu; sur le peu que je devinai de leur entretien, j'aurois pensé qu'elle aimoit le jeune homme qui le lui avoit donné, s'il étoit possible que l'on s'effrayât de la présence de ce qu'on aime.

Je pourrois encore, mon cher Aza, te faire part de beaucoup d'autres remarques que j'ai faites; mais hélas! je vois la fin de mes cordons, j'en touche les derniers fils, j'en noue les derniers nœuds; ces nœuds, qui me sembloient être une chaîne de communication de mon cœur au tien, ne sont déjà plus que les tristes objets de mes regrets. L'illusion me quitte, l'affreuse vérité prend sa place: mes pensées errantes, égarées dans le vuide immense de l'absence, s'anéantiront désormais avec la même rapidité que le tems. Cher Aza, il me semble que l'on nous sépare encore une fois, que l'on m'arrache de nouveau à ton amour. Je te perds, je te quitte, je ne te verrai plus. Aza! cher espoir de mon cœur, que nous allons être éloignés l'un de l'autre!

LETTRE DIX-HUITIEME.

Zilia détrompée, & éclairée sur son malheur par les connoissances qu'elle acquiert.

COMBIEN de tems effacé de ma vie, mon cher Aza! Le Soleil a fait la moitié de son cours depuis la derniere fois que j'ai joui du bonheur artificiel que je me faisois, en croyant m'entretenir avec toi. Que cette double absence m'a paru longue! Quel courage ne m'a-t-il pas fallu pour la supporter! Je ne vivois que dans l'avenir; le présent ne me paroissoit plus digne d'être compté. Toutes mes pensées n'étoient que des desirs, toutes mes réflexions que des projets, tous mes ſentimens que des eſpérances.

A peine puis-je encore former ces figures, que je me hâte d'en faire les interprètes de ma tendreſſe. Je me ſens ranimer par cette tendre occupation. Rendue à moi-même, je crois recommencer à vivre. Aza, que tu m'es cher! Que j'ai de joie à te le dire, à le peindre, à donner à ce ſentiment toutes les ſortes d'exiſtences qu'il peut avoir! Je voudrois le tracer ſur le plus dur métal, ſur les murs de ma chambre, ſur mes habits, ſur tout ce qui m'environne, & l'exprimer dans toutes les langues.

Hélas! que la connoiſſance de celle dont je me ſers à préſent m'a été funeſte! Que l'eſpérance qui m'a portée à m'en inſtruire étoit trompeuſe! A meſure que j'en ai acquis l'intelligence, un nouvel Univers s'eſt offert à mes yeux; les objets ont pris une autre forme; chaque éclairciſſement m'a découvert un nouveau malheur.

Mon eſprit, mon cœur, mes yeux, tout m'a ſéduit; le Soleil même m'a trompée. Il éclaire le Monde entier dont ton Empire n'occupe qu'une portion, ainſi que bien d'autres Royaumes qui le compoſent. Ne crois pas, mon cher Aza, que l'on m'ait abuſée ſur ces faits incroyables : on ne me les a que trop prouvés.

Loin d'être parmi des peuples ſoumis à ton obéiſſance, je ſuis ſous une domination non-ſeulement étrangere, mais ſi éloignée de ton Empire, que notre nation y ſeroit encore ignorée, ſi la cupidité des Eſpagnols ne leur avoit fait ſurmonter des dangers affreux pour pénétrer juſqu'à nous.

L'amour ne fera-t-il pas ce que la ſoif des richeſſes a pu faire ? Si tu m'aimes, ſi tu me deſires, ſi tu penſes encore à la malheureuſe Zilia, je dois tout attendre de ta tendreſſe ou de ta généroſité. Que l'on m'enſeigne les chemins qui peuvent me conduire juſqu'à toi ; les périls à ſurmonter, les fatigues à ſupporter ſeront des plaiſirs pour mon cœur.

LETTRE DIX-NEUVIEME.

Zilia dans un Couvent avec Celine, sœur de Déterville. Elle est la Confidente des Amours de Céline.

Je suis encore si peu habile dans l'art d'écrire, mon cher Aza, qu'il me faut un tems infini pour former très-peu de lignes. Il arrive souvent qu'après avoir beaucoup écrit, je ne puis deviner moi-même ce que j'ai cru exprimer. Cet embarras brouille mes idées, me fait oublier ce que j'avois rappellé avec peine à mon souvenir; je recommence, je ne fais pas mieux, & cependant je continue.

J'y trouverois plus de facilité, si je n'avois à te peindre que les expressions de ma tendresse; la vivacité de mes sentimens applaniroit toutes les difficultés. Mais je voudrois aussi te rendre compte de tout ce qui s'est passé pendant l'intervalle de mon silence. Je voudrois que tu n'ignorasses aucune de mes actions; néanmoins elles sont depuis long-tems si peu intéressantes & si uniformes, qu'il me seroit impossible de les distinguer les unes des autres.

Le principal évènement de ma vie a été le départ de Déterville.

Depuis un espace de tems, que l'on nomme *six mois*, il est allé faire la guerre pour les intérêts de son Souverain. Lorsqu'il partit, j'ignorois encore l'usage de sa langue ; cependant à la vive douleur qu'il fit paroître en se séparant de sa sœur & de moi, je compris que nous le perdions pour long-tems.

J'en versai bien des larmes ; mille craintes remplirent mon cœur ; les bontés de Céline ne purent les effacer. Je perdois en lui la plus solide espérance de te revoir. A qui aurois-je pu avoir recours, s'il m'étoit arrivé de nouveaux malheurs ? Je n'étois entendue de personne.

Je ne tardai pas à ressentir les effets de cette absence. *Madame*, dont je n'avois que trop deviné le dédain, & qui ne m'avoit tant retenue dans sa chambre, que par je ne sçais quelle vanité qu'elle tiroit, dit-on, de ma naissance & du pouvoir qu'elle a sur moi, me fit enfermer avec Céline dans une maiſon de Vierges, où nous ſommes encore.

Cette retraite ne me déplairoit pas, ſi au moment où je ſuis en état de tout entendre, elle ne me privoit des inſtructions dont j'ai beſoin ſur le deſſein que je forme d'aller te rejoindre. Les Vierges qui l'habitent ſont d'une ignorance ſi profonde, qu'elles ne peuvent ſatisfaire à mes moindres curioſités.

Le culte qu'elles rendent à la Divinité du pays, exige qu'elles renoncent à tous ſes bienfaits, aux connoiſſances de l'eſprit, aux ſentimens du cœur, & je crois même a la raiſon ; du moins leurs diſcours le font-ils penſer.

Enfermées, comme les nôtres, elles ont un avantage que l'on n'a pas dans les temples du Soleil. Ici les murs ouverts en quelques endroits, & ſeulement fermés par des morceaux de fer croiſés aſſez près l'un de l'autre pour empécher de ſortir, laiſſent la liberté de voir & d'entretenir les gens du dehors ; c'eſt ce qu'on appelle des *parloirs*.

C'eſt à la faveur de cette commodité, que je continue à prendre des leçons d'écriture. Je ne parle qu'au Maître qui me les donne : ſon ignorance à tous autres égards qu'à celui de ſon art, ne peut me tirer de la mienne. Céline ne me paroît pas mieux inſtruite ; je remarque dans les réponſes qu'elle fait à mes queſtions un certain embarras qui ne peut partir que d'une diſſimulation mal-adroite ou d'une ignorance honteuſe. Quoi qu'il en ſoit, ſon entretien eſt toujours borné aux intérêts de ſon cœur & à ceux de ſa famille.

Le jeune François qui lui parla un jour en ſortant du Spectacle où l'on chante, eſt ſon Amant, comme j'avois cru le deviner. Mais Madame Déterville, qui ne veut pas les unir, lui défend de le voir ; &, pour l'en empêcher plus ſûrement, elle ne veut pas même qu'elle parle à qui que ce ſoit.

Ce n'eſt pas que ſon choix ſoit indigne d'elle ; c'eſt que cette mere glorieuſe & dénaturée profite d'un uſage barbare, établi parmi les grands Seigneurs du pays, pour obliger Céline à prendre l'habit de Vierge ; afin de rendre ſon fils aîné plus riche. Par le même motif, elle a déjà obligé Déterville à choiſir un certain Ordre, dont il ne pourra plus ſortir, dès qu'il aura prononcé des paroles que l'on appelle *Vœux*.

Céline résiste de tout son pouvoir au sacrifice que l'on exige d'elle ; son courage est soutenu par des Lettres de son Amant, que je reçois de mon Maître à écrire, & que je lui rends ; cependant son chagrin apporte tant d'altération dans son caractere, que, loin d'avoir pour moi les mêmes bontés qu'elle avoit avant que je parlasse sa langue, elle répand sur notre commerce une amertume qui aigrit mes peines.

Confidente perpétuelle des siennes, je l'écoute sans ennui, je la plains sans effort, je la console avec amitié ; & si ma tendresse, réveillée par la peinture de la sienne, me fait chercher à soulager l'oppression de mon cœur, en prononçant seulement ton nom, l'impatience & le mépris se peignent sur son visage ; elle me conteste ton esprit, tes vertus, & jusqu'à ton amour.

Ma *China* même, (je ne lui sçais point d'autre nom ; celui-là a paru plaisant, on le lui a laissé) : ma *China*, qui sembloit m'aimer, qui m'obéit en toutes autres occasions, se donne la hardiesse de m'exhorter m'exhorter à ne plus penſer à toi, ou, ſi je lui impoſe ſilence, elle ſort. Céline arrive; il faut renfermer mon chagrin. Cette contrainte tyrannique met le comble à mes maux. Il ne me reſte que la ſeule & pénible ſatisfaction de couvrir ce papier des expreſſions de ma tendreſſe, puiſqu'il eſt le ſeul témoin docile des ſentimens de mon cœur.

Hélas! je prends peut-être des peines inutiles; peut-être ne ſçauras-tu jamais que je n'ai vécu que pour toi. Cette horrible penſée affoiblit mon courage, ſans rompre le deſſein que j'ai de continuer à t'écrire. Je conſerve mon illuſion pour te conſerver ma vie; j'écarte la raiſon barbare qui voudroit m'éclairer. Si je n'eſpérois te revoir, je périrois, mon cher Aza; j'en ſuis certaine. Sans toi la vie m'eſt un ſupplice.

LETTRE VINGTIEME.

Peinture que fait Zilia de nos usages, d'après ses lectures.

JUSQU'ICI, mon cher Aza, toute occupée des peines de mon cœur, je ne t'ai point parlé de celles de mon esprit; cependant elles ne sont guères moins cruelles. J'en éprouve une d'un genre inconnu parmi nous, causée par les usages généraux de cette nation, si différens des nôtres, qu'à moins de t'en donner quelques idées, tu ne pourrois compatir à mon inquiétude.

Le gouvernement de cet Empire, entièrement opposé à celui du tien, ne peut manquer d'être défectueux. Au-lieu que le *Capa-Inca* est obligé de pourvoir à la subsistance de ses peuples, en Europe les Souverains ne tirent la leur que des travaux de leurs sujets; aussi les crimes & les malheurs viennent-ils presque tous des besoins mal satisfaits.

Le malheur des Nobles en général,

naît des difficultés qu'ils trouvent à concilier leur magnificence apparente avec leur misere réelle.

Le commun des hommes ne soutient son état que par ce qu'on appelle *commerce*, ou *industrie*; la mauvaise foi est le moindre des crimes qui en résultent.

Une partie du peuple est obligée, pour vivre, de s'en rapporter à l'humanité des autres; les effets en sont si bornés, qu'à peine ces malheureux ont-ils suffisamment de quoi s'empêcher de mourir.

Sans avoir de l'or, il est impossible d'acquérir une portion de cette terre que la nature a donnée à tous les hommes. Sans posséder ce qu'on appelle du bien, il est impossible d'avoir de l'or, & par une inconséquence qui blesse les lumieres naturelles, & qui impatiente la raison, cette nation orgueilleuse, suivant les loix d'un faux honneur qu'elle a inventé, attache de la honte à recevoir de tout autre que du Souverain ce qui est nécessaire au soutien de sa vie & de son état. Ce Souverain répand ses libéralités sur un si petit nombre de ses sujets, en comparaison de la quantité des malheureux, qu'il y auroit autant de folie à prétendre y avoir part, que d'ignominie à se délivrer par la mort, de l'impossibilité de vivre sans honte.

La connoissance de ces tristes vérités n'excita d'abord dans mon cœur que de la pitié pour les misérables, & de l'indignation contre les loix. Mais hélas! que la maniere méprisante dont j'entendis parler de ceux qui ne sont pas riches, me fit faire de cruelles réflexions sur moi-même! Je n'ai ni or, ni terres, ni industrie; je fais nécessairement partie des citoyens de cette ville. O ciel! dans quelle classe dois-je me ranger?

Quoique tout sentiment de honte qui ne vient pas d'une faute commise, me soit étranger; quoique je sente combien il est insensé d'en recevoir par des causes indépendantes de mon pouvoir ou de ma volonté, je ne puis me défendre de souffrir de l'idée que les autres ont de moi. Cette peine me seroit insupportable, si je n'espérois qu'un jour ta générosité me mettra en état de récompenser ceux qui m'humilient, malgré moi, par des bienfaits dont je me croyois honorée. Ce n'est pas que Céline ne mette tout en œuvre pour calmer mes inquiétudes à cet égard ; mais ce que je vois, ce que j'apprends des gens de ce pays, me donne en général de la défiance de leurs paroles. Leurs vertus, mon cher Aza, n'ont pas plus de réalité que leurs richesses. Les meubles, que je croyois d'or, n'en ont que la superficie ; leur véritable substance est de bois : de même, ce qu'ils appellent *politesse*, cache légèrement leurs défauts sous les dehors de la vertu ; mais avec un peu d'attention, on en découvre aussi aisément l'artifice, que celui de leurs fausses richesses.

Je dois une partie de ces sortes de connoissances à une sorte d'écriture que l'on appelle *Livres*. Quoique je trouve encore beaucoup de difficultés à comprendre ce qu'ils contiennent, ils me sont fort utiles ; j'en tire des notions. Céline m'explique ce qu'elle en sçait, & j'en compose des idées que je crois justes.

Quelques-uns de ces Livres apprennent ce que les hommes ont fait, & d'autres, ce qu'ils ont pensé. Je ne puis t'exprimer, mon cher Aza, l'excellence du plaisir que je trouverois à les lire, si je les entendois mieux, ni le desir extrême que j'ai de connoître quelques-uns des hommes divins qui les composent. Je comprends qu'ils sont à l'ame ce que le Soleil est à la terre, & que je trouverois avec eux toutes les lumieres, tous les secours dont j'ai besoin ; mais je ne vois nul espoir d'avoir jamais cette satisfaction. Quoique Céline lise assez souvent, elle n'est pas assez instruite pour me satisfaire. À peine avoit-elle pensé que les livres fussent faits par des hommes ; elle en ignore les noms, & même s'ils vivent encore.

Je te porterai, mon Cher Aza, tout ce que je pourrai amasser de ces merveilleux Ouvrages ; je te les expliquerai dans notre langue ; je goûterai la suprême félicité de donner un plaisir nouveau à ce que j'aime. Hélas ! le pourrai-je jamais ?

LETTRE VINGT-UNIEME.

On envoie un Religieux à Zilia pour lui faire embrasser le Christianisme. Il lui apprend la cause des évènemens qu'elle a subis, & s'efforce de la détourner du dessein qu'elle forme de retourner vers Aza.

JE ne manquerai plus de matiere pour t'entretenir, mon cher Aza; on m'a fait parler à un *Cusipata*, que l'on nomme ici *Religieux*: instruit de tout, il m'a promis de ne me rien laisser ignorer. Poli comme un Grand Seigneur, sçavant comme un *Amauta*, il sçait aussi parfaitement les usages du monde que les dogmes de sa Religion. Son entretien, plus utile qu'un livre, m'a donné une satisfaction que je n'avois pas goûtée, depuis que mes malheurs m'ont séparée de toi.

Il venoit pour m'instruire de la Religion de France, & m'exhorter à l'embrasser. De la façon dont il m'a parlé des vertus qu'elle prescrit, elles sont tirées de la loi naturelle, & en vérité aussi pures que les nôtres ; mais je n'ai pas l'esprit assez subtil pour appercevoir le rapport que devroient avoir avec elle les mœurs & les usages de la nation : j'y trouve au contraire une inconséquence si remarquable, que ma raison refuse absolument de s'y prêter.

A l'égard de l'origine & des principes de cette Religion, ils ne m'ont pas paru plus incroyables que l'histoire de *Manco-capa*, & du marais *Tisicaca* (a). La morale en est si belle, que j'aurois écouté le *Cusipata* avec plus de complaisance, s'il n'eût parlé avec mépris du culte sacré que nous rendons au Soleil. Toute partialité détruit la confiance. J'aurois pu appliquer à ses raisonnemens ce qu'il opposoit aux miens : mais si les loix de l'humanité défendent de frapper son semblable, parce que c'est lui faire un mal, à plus forte raison ne doit-on pas blesser son ame par le mépris de ses opinions. Je me contentai de lui expliquer mes sentimens sans contrarier les siens.

D'ailleurs un intérêt plus cher me pres-

(*a*) Voyez l'Histoire des Incas.

ſoit de changer le ſujet de notre entretien ; je l'interrompis dès qu'il me fut poſſible, pour lui faire des queſtions ſur l'éloignement de la ville de Paris à celle de *Cuzco*, & ſur la poſſibilité d'en faire le trajet. Le *Cuſipata* y ſatisfit avec bonté, & quoiqu'il me déſignât la diſtance de ces deux villes, d'une façon déſeſpérante ; quoiqu'il me fît regarder comme inſurmontable la difficulté d'en faire le voyage, il me ſuffit de ſçavoir que la choſe étoit poſſible, pour affermir mon courage, & me donner la confiance de communiquer mon deſſein au bon Religieux.

Il en parut étonné, il s'efforça de me détourner d'une telle entrepriſe avec des mots ſi doux, qu'il m'attendrit moi-même ſur les périls auxquels je m'expoſerois : cependant ma réſolution n'en fut point ébranlée. Je priai le *Cuſipata* avec les plus vives inſtances, de m'enſeigner les moyens de retourner dans ma patrie. Il ne voulut entrer dans aucun détail : il me dit ſeulement que Déterville, par ſa haute naiſſance & par ſon mérite perſonnel, étant dans une grande conſidération, pourroit tout ce qu'il voudroit ; & qu'ayant un oncle tout-puiſſant à la Cour d'Eſpagne, il pouvoit, plus aiſément que perſonne, me procurer des nouvelles de nos malheureuſes contrées.

Pour achever de me déterminer à attendre ſon retour, qu'il m'aſſura être prochain, il ajouta qu'après les obligations que j'avois à ce généreux ami, je ne pouvois avec honneur diſpoſer de moi ſans ſon conſentement. J'en tombai d'accord, & j'écoutai avec plaiſir l'éloge qu'il me fit des rares qualités qui diſtinguent Déterville des perſonnes de ſon rang. Le poids de la reconnoiſſance eſt bien léger, mon cher Aza, quand on ne le reçoit que des mains de la vertu.

Le ſçavant homme m'apprit auſſi comment le hazard avoit conduit les Eſpagnols juſqu'à ton malheureux Empire, & que la ſoif de l'or étoit la ſeule cauſe de leur cruauté. Il m'expliqua enſuite de quelle façon le droit de la guerre m'avoit fait tomber entre les mains de Déterville par un combat dont il étoit ſorti victorieux, après avoir pris pluſieurs vaiſſeaux aux Eſpagnols, entre leſquels étoit celui qui me portoit.

Enfin, mon cher Aza, s'il a confirmé mes malheurs, il m'a du moins tirée de la cruelle obſcurité où je vivois ſur tant d'évènemens funeſtes ; & ce n'eſt pas un petit ſoulagement à mes peines. J'attends le reſte du retour de Déterville ; il eſt humain, noble, vertueux : je dois compter ſur ſa généroſité. S'il me rend à toi, quel bienfait ! quelle joie ! quel bonheur !

LETTRE VINGT-DEUXIEME.

Indignation de Zilia, occaſionnée par tout ce que lui dit le Religieux des Auteurs, & de ſon Amour pour Aza.

J'AVOIS compté, mon cher Aza, me faire un ami du ſçavant *Cuſipata* ; mais une ſeconde viſite qu'il m'a faite, a détruit la bonne opinion que j'avois priſe de lui dans la premiere.

Si d'abord il m'avoit paru doux & ſincere, cette fois je n'ai trouvé que de la rudeſſe & de la fauſſeté dans tout ce qu'il m'a dit.

L'eſprit tranquille ſur les intérêts de ma tendreſſe, je voulus ſatisfaire ma curiosité sur les hommes merveilleux qui font des Livres. Je commençai par m'informer du rang qu'ils tiennent dans le monde, de la vénération que l'on a pour eux; enfin des honneurs ou des triomphes qu'on leur décerne pour tant de bienfaits qu'ils répandent dans la société.

Je ne sçais ce que le *Cusipata* trouva de plaisant dans mes questions; mais il sourit à chacune, & n'y répondit que par des discours si peu mesurés, qu'il ne me fut pas difficile de voir qu'il me trompoit.

En effet, si je l'en crois, ces hommes, sans contredit au-dessus des autres, par la noblesse & l'utilité de leur travail, restent souvent sans récompense, & sont obligés, pour l'entretien de leur vie, de vendre leurs pensées, ainsi que le peuple vend, pour subsister, les plus viles productions de la terre. Cela peut-il être?

La tromperie, mon cher Aza, ne me déplaît guères moins sous le masque transparent de la plaisanterie, que sous le voile épais de la séduction: celle du Religieux m'indigna, & je ne daignai pas y répondre.

Ne pouvant me satisfaire, je remis la conversation sur le projet de mon voyage ; mais au-lieu de m'en détourner avec la même douceur que la premiere fois, il m'opposa des raisonnemens si forts & si convaincans, que je ne trouvai que ma tendresse pour toi qui pût les combattre : je ne balançai pas à lui en faire l'aveu.

D'abord il prit une mine gaie, & paroissant douter de la vérité de mes paroles, il ne me répondit que par des railleries, qui, toutes insipides qu'elles étoient, ne laisserent pas de m'offenser. Je m'efforçai de le convaincre de la vérité ; mais à mesure que les expressions de mon cœur en prouvoient les sentimens, son visage & ses paroles devinrent séveres : il osa me dire que mon amour pour toi étoit incompatible avec la vertu, qu'il falloit renoncer à l'une ou à l'autre ; enfin que je ne pouvois t'aimer sans crime.

A ces paroles insensées, la plus vive colere s'empara de mon ame ; j'oubliai la modération que je m'étois prescrite, je l'accablai de reproches, je lui appris ce que je pensois de la fausseté de ses paroles, je lui protestai mille fois de t'aimer toujours ; & sans attendre ses excuses, je le quittai,

& je courus m'enfermer dans ma chambre, où j'étois sûre qu'il ne pourroit me suivre.

O mon cher Aza, que la raison de ce pays est bizarre ! Elle convient en général que la premiere des vertus est de faire du bien, d'être fidèle à ses engagemens ; elle défend en particulier de tenir ceux que le sentiment le plus pur a formés. Elle ordonne la reconnoissance, & semble prescrire l'ingratitude.

Je serois louable, si je te rétablissois sur le trône de tes peres ; je suis criminelle en te conservant un bien plus précieux que tous les Empires du Monde. On m'approuveroit, si je récompensois tes bienfaits par les trésors du Pérou. Dépourvue de tout, dépendante de tout, je ne possede que ma tendresse ; on veut que je te la ravisse : il faut être ingrate pour avoir de la vertu. Ah ! mon cher Aza, je les trahirois toutes, si je cessois un moment de t'aimer. Fidelle à leurs loix, je le serai à mon amour ; je ne vivrai que pour toi.

LETTRE VINGT-TROISIEME.

Retour de Déterville de l'armée. Son entretien avec Zilia, qui lui témoigne la reconnoissance la plus vive, mais en conservant toujours tout son amour pour Aza. Douleur de Déterville. Genérosité de son amour. Reproches de Celine à Zilia.

JE crois, mon cher Aza, qu'il n'y a que la joie de te voir qui pourroit l'emporter sur celle que m'a causé le retour de Déterville; mais comme s'il ne m'étoit plus permis d'en goûter sans mélange, elle a été bientôt suivie d'une tristesse qui dure encore.

Céline étoit hier matin dans ma chambre, quand on vint mystérieusement l'appeller: il n'y avoit pas long-tems qu'elle m'avoit quittée, lorsqu'elle me fit dire de me rendre au Parloir; j'y courus. Quelle fut ma surprise d'y trouver son frere avec elle!

Je ne dissimulai point le plaisir que j'eus de le voir; je lui dois de l'estime

& de l'amitié : ces ſentimens ſont preſque des vertus ; je les exprimois avec autant de vérité que je les ſentois.

Je voyois mon Libérateur, le ſeul appui de mes eſpérances : j'allois parler, ſans contrainte, de toi, de ma tendreſſe, de mes deſſeins ; ma joie alloit juſqu'au tranſport.

Je ne parlois pas encore François, lorſque Déterville partit ; combien de choſes n'avois-je pas à lui apprendre, combien d'éclairciſſemens à lui demander, combien de reconnoiſſance à lui témoigner ? Je voulois tout dire à la fois, je diſois mal, & cependant je parlois beaucoup.

Je m'apperçus, pendant ce tems-là, que la triſteſſe qu'en entrant j'avois remarquée ſur le viſage de Déterville, ſe diſſipoit & faiſoit place à la joie : je m'en applaudiſſois ; elle m'animoit à l'exciter encore. Hélas ! devois-je craindre d'en donner trop à un ami à qui je dois tout, & de qui j'attends tout ? Cependant ma ſincérité le jetta dans une erreur qui me coûte à préſent bien des larmes.

Céline étoit ſortie en même tems que j'étois entrée ; peut-être ſa préſence auroit-elle épargné une explication si cruelle.

Déterville, attentif à mes paroles, paroissoit se plaire à les entendre, sans songer à m'interrompre. Je ne sçais quel trouble me saisit, lorsque je voulus lui demander des instructions sur mon voyage, & lui en expliquer le motif; mais les expressions me manquerent, je les cherchois : il profita d'un moment de silence, & mettant un genou en terre devant la grille, à laquelle ses deux mains étoient attachées, il me dit d'une voix émue : A quel sentiment, divine Zilia, dois-je attribuer le plaisir que je vois aussi naïvement exprimé dans vos beaux yeux que dans vos discours ? Suis-je le plus heureux des hommes au moment même où ma sœur vient de me faire entendre que j'étois le plus à plaindre ? Je ne sçais, lui répondis-je, quel chagrin Céline a pu vous donner; mais je suis bien assurée que vous n'en recevrez jamais de ma part. Cependant, répliqua-t-il, elle m'a dit que je ne devois pas espérer d'être aimé de vous. Moi ! m'écriai-je, en l'interrompant, moi, je ne vous aime point ! Ah ! Déterville, comment votre ſœur peut-elle me noircir d'un tel crime ? L'ingratitude me fait horreur : je me haïrois moi-même, ſi je croyois pouvoir ceſſer de vous aimer.

Pendant que je prononçois ce peu de mots, il ſembloit, à l'avidité de ſes regards, qu'il vouloit lire dans mon ame.

Vous m'aimez, Zilia, me dit-il, vous m'aimez, & vous me le dites ! je donnerois ma vie pour entendre ce charmant aveu, je ne puis le croire, lors même que je l'entends. Zilia, ma chere Zilia, eſt-il bien vrai que vous m'aimez ? Ne vous trompez-vous pas vous-même ? Votre ton, vos yeux, mon cœur, tout me ſéduit; peut-être n'eſt-ce que pour me replonger plus cruellement dans le déſeſpoir d'où je ſors.

Vous m'étonnez, repris-je ; d'où naît votre défiance ? Depuis que je vous connois, ſi je n'ai pu me faire entendre par des paroles, toutes mes actions n'ont-elles pas dû vous prouver que je vous aime ? Non, repliqua-t-il, je ne puis encore me flatter : vous ne parlez pas aſſez bien le François pour détruire mes juſtes craintes ; vous ne cherchez point à me tromper, je le ſçais : mais expliquez-moi quel ſens vous attachez à ces mots adorables, *Je vous aime.* Que mon ſort ſoit décidé ; que je meure à vos pieds, de douleur ou de plaiſir.

Ces mots, lui dis-je, un peu intimidée par la vivacité avec laquelle il prononca ces dernieres paroles, ces mots doivent, je crois, vous faire entendre que vous m'êtes cher, que votre ſort m'intéreſſe, que l'amitié & la reconnoiſſance m'attachent à vous ; ces ſentimens plaiſent à mon cœur, & doivent ſatisfaire le vôtre.

Ah, Zilia ! me répondit-il, que vos termes s'affoibliſſent, que votre ton ſe refroidit ! Céline m'auroit-elle dit la vérité ? N'eſt-ce point pour Aza que vous ſentez tout ce que vous dites ? Non, lui dis-je, le ſentiment que j'ai pour Aza eſt tout différent de ceux que j'ai pour vous ; c'eſt ce que vous appellez l'amour..... Quelle peine cela peut-il vous faire, ajoutai-je, en le voyant pâlir, abandonner la grille, & jetter au Ciel des regards remplis de douleur ? J'ai de l'amour pour Aza, parce qu'il en a pour moi, & que nous devions être unis. Il n'y a là-dedans nul rapport avec vous. Les mêmes, s'écria-t-il, que vous trouvez entre vous & lui, puisque j'ai mille fois plus d'amour qu'il n'en ressentit jamais.

Comment cela se pourroit-il, repris-je? Vous n'êtes point de ma nation; loin que vous m'ayez choisie pour votre épouse, le hazard seul nous a joints, & ce n'est même que d'aujourd'hui que nous pouvons librement nous communiquer nos idées. Par quelle raison auriez-vous pour moi les sentimens dont vous parlez?

En faut-il d'autres que vos charmes & mon caractère, me répliqua-t-il, pour m'attacher à vous jusqu'à la mort? Né tendre, paresseux, ennemi de l'artifice, les peines qu'il auroit fallu me donner pour pénétrer le cœur des femmes, & la crainte de n'y pas trouver la franchise que j'y désirois, ne m'ont laissé pour elles qu'un goût vague ou passager; j'ai vécu sans passion jusqu'au moment où je vous ai vue: votre beauté me frappa, mais son impression auroit peut-être été aussi légere que celle de beaucoup d'autres, si la douceur & la naiveté de votre caractere ne m'avoient présenté l'objet que mon imagination m'avoit si souvent composé. Vous sçavez, Zilia, si je l'ai respecté cet objet de mon adoration : que ne m'en a-t-il pas coûté pour résister aux occasions séduisantes que m'offroit la familiarité d'une longue navigation ! Combien de fois votre innocence vous auroit-elle livrée à mes transports, si je les eusse écoutés ! Mais loin de vous offenser, j'ai poussé la discrétion jusqu'au silence ; j'ai même exigé de ma sœur qu'elle ne vous parleroit pas de mon amour ; je n'ai rien voulu devoir qu'à vous-même. Ah, Zilia ! si vous n'êtes point touchée d'un respect si tendre, je vous fuirai ; mais je le sens, ma mort sera le prix du sacrifice.

Votre mort ! m'écriai-je, pénétrée de la douleur sincere dont je le voyois accablé : Hélas ! quel sacrifice ! Je ne sçais si celui de ma vie ne me seroit pas moins affreux.

Eh bien, Zilia ! me dit-il, si ma vie vous est chere, ordonnez donc que je vive. Que faut-il faire, lui dis-je ? M'aimer, répondit-il, comme vous aimiez Aza. Je l'aime toujours de même, lui répliquai-je, & je l'aimerai jusqu'à la mort : je ne sçais, ajoutai-je, si vos loix vous permettent d'aimer deux objets de la même maniere ; mais nos usages & mon cœur me le défendent. Contentez-vous des sentimens que je vous promets ; je ne puis en avoir d'autres : la vérité m'est chère, je vous la dis sans détour.

De quel sang-froid vous m'assassinez, s'écria-t-il ! Ah, Zilia ! que je vous aime, puisque j'adore jusqu'à votre cruelle franchise ! Eh bien ! continua-t-il après avoir gardé quelques momens le silence, mon amour surpassera votre cruauté. Votre bonheur m'est plus cher que le mien. Parlez-moi avec cette sincérité qui me déchire sans ménagement. Quelle est votre espérance sur l'amour que vous conservez pour Aza ?

Hélas ! lui dis-je, je n'en ai qu'en vous seul. Je lui expliquai ensuite comment j'avois appris que la communication aux Indes n'étoit pas impossible ; je lui dis que je m'étois flattée qu'il me procureroit les moyens d'y retourner, ou tout au moins, qu'il auroit assez de bonté pour faire passer jusqu'à toi des nœuds qui t'instruiroient de mon sort, & pour m'en faire avoir les réponſes, afin qu'inſtruite de ta deſtinée, elle ſerve de régle à la mienne.

Je vais prendre, me dit-il, avec un ſang-froid affecté, les meſures néceſſaires pour découvrir le ſort de votre Amant : vous ſerez ſatisfaite à cet égard ; cependant vous vous flatteriez en vain de revoir l'heureux Aza. Des obſtacles invincibles vous ſéparent.

Ces mots, mon cher Aza, furent un coup mortel pour mon cœur : mes larmes coulerent en abondance, elles m'empêcherent long-tems de répondre à Déterville, qui de ſon côté gardoit un morne ſilence. Eh bien ! lui dis-je enfin, je ne le verrai plus, mais je n'en vivrai pas moins pour lui : ſi votre amitié eſt aſſez généreuſe pour nous procurer quelque correſpondance, cette ſatisfaction ſuffira pour me rendre la vie moins inſupportable, & je mourrai contente, pourvu que vous me promettiez de lui faire ſçavoir que je ſuis morte en l'aimant.

Ah ! c'en eſt trop, s'écria-t-il, en ſe levant bruſquement : oui, s'il eſt poſſible, je ſerai le ſeul malheureux. Vous connoîtrez ce cœur que vous dédaignez : vous verrez de quels efforts eſt capable un amour tel que le mien, & je vous forcerai au moins à me plaindre. En diſant ces mots, il ſortit & me laiſſa dans un état que je ne comprends pas encore ; j'étois demeurée debout, les yeux attachés ſur la porte par où Déterville venoit de ſortir, abîmée dans une confuſion de penſées que je ne cherchois pas même à démêler : j'y ſerois reſtée long-tems, ſi Céline ne fût entrée dans le Parloir.

Elle me demanda vivement pourquoi Déterville étoit ſorti ſi-tôt. Je ne lui cachai pas ce qui s'étoit paſſé entre nous. D'abord elle s'affligea de ce qu'elle appelloit le malheur de ſon frere. Enſuite, tournant ſa douleur en colere, elle m'accabla des plus dures reproches, ſans que j'oſaſſe y oppoſer un ſeul mot. Qu'aurois-je pu lui dire ? mon trouble me laiſſoit à peine la liberté de penſer ; je ſortis, elle ne me ſuivit point. Retirée dans ma chambre, j'y ſuis reſtée un jour ſans oſer paroître, ſans avoir eu de nouvelles de perſonne, & dans un déſordre d'eſprit qui ne me permettoit pas même de t'écrire.

La colere de Céline, le déſeſpoir de ſon

ſon frere, ſes dernieres paroles, auſquelles je voudrois, & je n'oſe donner un ſens favorable, livrerent mon ame tour-à-tour aux plus cruelles inquiétudes.

J'ai cru enfin que le ſeul moyen de les adoucir étoit de les peindre, de t'en faire part, de chercher dans ta tendreſſe les conſeils dont j'ai beſoin ; cette erreur m'a ſoutenue pendant que j'écrivois ; mais qu'elle a peu duré ! Ma lettre eſt finie, & les caracteres n'en ſont tracés que pour moi.

Tu ignores ce que je ſouffre ; tu ne ſçais pas même ſi j'exiſte, ſi je t'aime. Aza, mon cher Aza, ne le ſçauras-tu jamais ?

LETTRE VINGT-QUATRIEME.

Maladie de Zilia. Refroidiſſement de Céline à ſon égard. Mort de la mere de Déterville. Remords de Zilia, & à quelle occaſion.

JE pourrois encore appeller une abſence le tems qui s'eſt écoulé, mon cher Aza, depuis la derniere fois que je t'ai écrit.

Quelques jours après l'entretien que j'eus avec Déterville, je tombai dans une maladie que l'on nomme la *fiévre*. Si, comme je le crois, elle a été cauſée par les paſſions douloureuſes qui m'agiterent alors; je ne doute pas qu'elle n'ait été prolongée par les triſtes réflexions dont je ſuis occupée, & par le regret d'avoir perdu l'amitié de Céline.

Quoiqu'elle ait paru s'intéreſſer à ma maladie, qu'elle m'ait rendu tous les ſoins qui dépendoient d'elle, c'étoit d'un air ſi froid, elle a eu ſi peu de ménagement pour mon ame, que je ne puis douter de l'altération de ſes ſentimens. L'extrême amitié qu'elle a pour son frere l'indispose contre moi, elle me reproche sans cesse de le rendre malheureux; la honte de paroître ingrate m'intimide, les bontés affectées de Celine me gênent, mon embarras la contraint, la doûceur & l'agrément sont bannis de notre commerce.

Malgré tant de contrariété & de peine de la part du frere & de la sœur, je ne suis pas insensible aux évènemens qui changent leurs destinées.

La mere de Déterville est morte. Cette mere dénaturée n'a point démenti son caractere, elle a donné tout son bien à son fils aîné. On espere que les gens de Loi empêcheront l'effet de cette injustice. Déterville, désintéresse par lui-même, se donne des peines infinies pour tirer Céline de l'oppression. Il semble que son malheur redouble son amitié pour elle; outre qu'il vient la voir tous les jours, il lui écrit soir & matin. Ses Lettres sont remplies de plaintes si tendres contre moi, d'inquiétudes si vives sur ma santé, que, quoique Céline affecte, en me les lisant, de ne vouloir que m'instruire du progrès de leurs affaires, je démêle aisément son véritable motif.

Je ne doute pas que Déterville ne les écrive, afin qu'elles me ſoient lues; néanmoins, je ſuis perſuadée qu'il s'en abſtiendroit, s'il étoit inſtruit des reproches dont cette lecture eſt ſuivie. Ils font leur impreſſion ſur mon cœur. La triſteſſe me conſume.

Juſqu'ici, au milieu des orages, je jouiſſois de la foible ſatisfaction de vivre en paix avec moi-même : aucune tache ne ſouilloit la pureté de mon ame, aucun remords ne la troubloit; à préſent, je ne puis penſer, ſans une ſorte de mépris pour moi-même, que je rends malheureuſes deux perſonnes auſquelles je dois la vie; que je trouble le repos dont elles jouiroient ſans moi; que je leur fais tout le mal qui eſt en mon pouvoir : & cependant je ne puis ni ne veux ceſſer d'être criminelle. Ma tendreſſe pour toi triomphe de mes remords. Aza, que je t'aime!

LETTRE VINGT-CINQUIEME.

Déterville instruit Zilia sur le sort d'Aza, qu'elle veut aller trouver en Espagne. Déterville, au désespoir, consent à ses desirs.

QUE la prudence est quelquefois nuisible, mon cher Aza ! j'ai résisté longtems aux pressantes instances que Déterville m'a fait faire de lui accorder un moment d'entretien. Hélas ! je fuyois mon bonheur. Enfin, moins par complaisance que par lassitude de disputer avec Céline, je me suis laissée conduire au parloir.

A la vue du changement affreux qui rend Déterville presque méconnoissable, je suis restée interdite ; je me repentois déjà de ma démarche ; j'attendois en tremblant les reproches qu'il me paroissoit en droit de me faire. Pouvois-je deviner qu'il alloit combler mon ame de plaisir ?

Pardonnez-moi, Zilia, m'a-t-il dit, la violence que je vous fais ; je ne vous aurois pas obligée à me voir, si je ne vous apportois autant de joie que vous me causez de douleur. Est-ce trop exiger, qu'un moment de votre vue, pour récompense du cruel sacrifice que je vous fais ? Et sans me donner le tems de répondre : « voici, continua-t-il, une Lettre de ce parent dont on vous a parlé. En vous apprenant le sort d'Aza, elle vous prouvera mieux que tous mes sermens, quel est l'excès de mon amour », & tout de suite il me fit la lecture de cette Lettre. Ah ! mon cher Aza, ai-je pu l'entendre sans mourir de joie ? Elle m'apprend que tes jours sont conservés, que tu es libre, que tu vis sans péril à la Cour d'Espagne. Quel bonheur inespéré !

Cette admirable Lettre est écrite par un homme qui te connoît, qui te voit, qui te parle ; peut-être tes regards ont-ils été attachés un moment sur ce précieux papier. Je ne pouvois en arracher les miens ; je n'ai retenu qu'à peine des cris de joie prêts à m'échapper ; les larmes de l'amour inondoient mon visage.

Si j'avois suivi les mouvemens de mon cœur, cent fois j'aurois interrompu Déterville pour lui dire tout ce que la reconnoiſſance m'inſpiroit ; mais je n'oublios point que mon bonheur devoit augmenter ſes peines ; je lui cachai mes tranſports, il ne vit que mes larmes.

Eh bien ! Zilia, me dit-il, après avoir ceſſé de lire, j'ai tenu ma parole : vous êtes inſtruite du ſort d'Aza ; ſi ce n'eſt point aſſez, que faut-il faire de plus ? Ordonnez ſans contrainte ; il n'eſt rien que vous ne ſoyez en droit d'exiger de mon amour, pourvu qu'il contribue à votre bonheur.

Quoique je duſſe m'attendre à cet excès de bonté, elle me ſurprit & me toucha.

Je fus quelques momens embarraſſée de ma réponſe ; je craignois d'irriter la douleur d'un homme ſi généreux. Je cherchois des termes qui exprimaſſent la vérité de mon cœur, ſans offenſer la ſenſibilité du ſien ; je ne les trouvois pas : il falloit parler.

Mon bonheur, lui dis-je, ne ſera jamais ſans mélange, puiſque je ne puis concilier les devoirs de l'amour avec ceux de l'amitié ; je voudrois regagner la vôtre & celle de Céline ; je voudrois ne vous point quitter, admirer ſans ceſſe vos vertus, payer tous les jours de ma vie le tribut de reconnoiſſance que je dois à vos bontés. Je ſens qu'en m'éloignant de deux perſonnes ſi cheres, j'emporterai des regrets éternels. Mais..... Quoi ! Zilia, s'écria-t-il, vous voulez nous quitter ! Ah ! je n'étois point préparé à cette funeſte réſolution ; je manque de courage pour la ſoutenir. J'en avois aſſez pour vous voir ici dans les bras de mon Rival. L'effort de ma raiſon, la délicateſſe de mon amour, m'avoient affermi contre ce coup mortel ; je l'aurois préparé moi-même, mais je ne puis me ſéparer de vous ; je ne puis renoncer à vous voir. Non, vous ne partirez point, continua-t-il avec emportement, n'y comptez pas, vous abuſez de ma tendreſſe, vous déchirez, ſans pitié, un cœur perdu d'amour. Zilia, cruelle Zilia, voyez mon déſeſpoir ; c'eſt votre ouvrage. Hélas ! de quel prix payez-vous l'amour le plus pur !

C'eſt vous, lui dis-je, effrayée de ſa réſolution, c'eſt vous que je devrois accuſer. Vous flétriſſez mon ame en la forçant d'être ingrate ; vous déſolez mon cœur par une ſenſibilité infructueuſe. Au nom de l'amitié, ne terniſſez pas une générofité fans exemple, par un défefpoir qui feroit l'amertume de ma vie, fans vous rendre heureux. Ne condamnez point en moi le même fentiment que vous ne pouvez furmonter ; ne me forcez pas à me plaindre de vous ; laiffez-moi chérir votre nom, le porter au bout du monde, & le faire révérer à des peuples adorateurs de la vertu.

Je ne fçais comment je prononçai ces paroles ; mais Déterville, fixant fes yeux fur moi, fembloit ne me point regarder ; renfermé en lui-même, il demeura long-tems dans une profonde méditation ; de mon côté, je n'ofois l'interrompre : nous obfervions un égal filence, quand il reprit la parole, & me dit, avec une efpèce de tranquillité : Oui, Zilia, je connois, je fens toute mon injuftice ; mais renonce-t-on de fang-froid à la vûe de tant de charmes ? Vous le voulez, vous ferez obéie. Quel facrifice, ô ciel ! Mes triftes jours s'écouleront, finiront fans vous voir. Au moins fi la mort... N'en parlons plus, ajouta-t-il en s'interrompant ; ma foibleffe me trahiroit : donnez-moi deux jours pour m'affurer de moi-même ; je reviendrai vous voir ; il eſt néceſſaire que nous prenions enſemble des meſures pour votre voyage. Adieu, Zilia. Puiſſe l'heureux Aza ſentir tout ſon bonheur ! En même tems il ſortit.

Je te l'avoue, mon cher Aza, quoique Déterville me ſoit cher, quoique je fuſſe pénétrée de ſa douleur, j'avois trop d'impatience de jouir en paix de ma félicité, pour n'etre pas bien-aiſe qu'il ſe retirat.

Qu'il eſt doux, après tant de peines, de s'abandonner à la joie ! Je paſſai le reſte de la journée dans les plus tendres raviſſemens. Je ne t'écrivis point ; une Lettre étoit trop peu pour mon cœur ; elle m'auroit rappellé ton abſence. Je te voyois, je te parlois, cher Aza ! Que manqueroit-il à mon bonheur, ſi tu avois joint à la précieuſe Lettre que j'ai reçue, quelques gages de ta tendreſſe ? Pourquoi ne l'as-tu pas fait ? On a parlé de moi, tu es inſtruit de mon ſort, & rien ne me parle de ton amour. Mais puis-je douter de ton cœur ? Le mien m'en répond. Tu m'aimes, ta joie eſt égale à la mienne, tu brûles des mêmes feux, la même impatience te dévore ; que la crainte s'éloigne de mon ame, que la joie y domine ſans mélange. Cependant tu as embraſſé la Religion de ce peuple féroce. Quelle eſt-elle ? Exige-t-elle que tu renonces à ma tendreſſe, comme celle de France voudroit que je renonçaſſe à la tienne ? Non, tu l'aurois rejettée.

Quoi qu'il en ſoit, mon cœur eſt ſous tes Loix ; ſoumiſe à tes lumieres, j'adopterai aveuglément tout ce qui pourra nous rendre inſéparables. Que puis-je craindre ? Bientôt réunie à mon bien, à mon être, à mon tout, je ne penſerai plus que par toi, je ne vivrai plus que pour t'aimer.

LETTRE VINGT-SIXIEME.

Zilia déterminée par les raiſons de Déterville, ſe réſoud à attendre Aza.

C'EST ici, mon cher Aza, que je te reverrai ; mon bonheur s'accroît chaque jour par ſes propres circonſtances. Je ſors de l'entrevue que Déterville m'avoit aſſignée ; quelque plaiſir que je me ſois fait de ſurmonter les difficultés du voyage, de te prévenir, de courir au-devant de tes pas, je le ſacrifie, ſans regret, au bonheur de te voir plutôt.

Déterville m'a prouvé, avec tant d'évidence, que tu peux être ici en moins de tems qu'il ne m'en faudroit pour aller en Eſpagne, que, quoiqu'il m'ait généreuſement laiſſé le choix, je n'ai pas balancé à t'attendre; le tems eſt trop cher pour le prodiguer ſans néceſſité.

Peut-être, avant de me déterminer, aurois-je examiné cet avantage avec plus de ſoin, ſi je n'euſſe tiré des éclairciſſemens ſur mon voyage, qui m'ont décidée en ſecret ſur le parti que je prends; & ce ſecret, je ne puis le confier qu'à toi.

Je me ſuis ſouvenue que pendant la longue route qui m'a conduite à Paris, Déterville donnoit des pièces d'argent, & quelquefois d'or, dans tous les endroits où nous nous arrêtions. J'ai voulu ſçavoir ſi c'étoit par obligation, ou par ſimple libéralité. J'ai appris qu'en France, non-ſeulement on fait payer la nourriture aux voyageurs, mais encore le repos (*a*).

(*a*) Les Incas avoient établi ſur les chemins de grandes maiſons où l'on recevoit les voyageurs ſans aucuns frais.

Hélas ! je n'ai pas la moindre partie de ce qui feroit néceffaire pour contenter l'avidité de ce peuple intéreffé ; il faudroit le recevoir des mains de Déterville. Mais pourrois-je me réfoudre à contracter volontairement un genre d'obligation, dont la honte va prefque jufqu'à l'ignominie ? Je ne le puis, mon cher Aza ; cette raifon feule m'auroit déterminée à demeurer ici ; le plaifir de te voir plus promptement n'a fait que confirmer ma réfolution.

Déterville a écrit devant moi au Miniftre d'Efpagne. Il le preffe de te faire partir, avec une générofité qui me pénètre de reconnoiffance & d'admiration.

Quels doux momens j'ai paffés, pendant que Déterville écrivoit ! Quel plaifir d'être occupée des arrangemens de ton voyage, de voir les apprêts de mon bonheur, de n'en plus douter !

Si d'abord il m'en a coûté pour renoncer au deffein que j'avois de te prévenir, je l'avoue, mon cher Aza, j'y trouve à préfent mille fources de plaifir, que je n'y avois pas apperçues.

Plufieurs circonftances, qui ne me paroiffoient d'aucune valeur pour avancer ou retarder mon départ, me deviennent intéressantes & agréables. Je suivois aveuglément le penchant de mon cœur. J'oublioois que j'allois te chercher au milieu de ces barbares Espagnols, dont la seule idée me saisit d'horreur; je trouve une satisfaction infinie dans la certitude de ne les revoir jamais. La voix de l'amour éteignoit celle de l'amitié. Je goûte, sans remords, la douceur de les réunir. D'un autre côté, Déterville m'a assuré qu'il nous étoit à jamais impossible de revoir la ville du Soleil. Après le séjour de notre patrie, en est-il un plus agréable que celui de la France? Il te plaira, mon cher Aza: quoique la sincérité en soit bannie, on y trouve tant d'agrémens, qu'ils font oublier les dangers de la société.

Après ce que je t'ai dit de l'or, il n'est pas nécessaire de t'avertir d'en apporter: tu n'as que faire d'autre mérite; la moindre partie de tes trésors suffit pour te faire admirer & confondre l'orgueil des magnifiques indigens de ce Royaume; tes vertus & tes sentimens ne seront estimés que de Déterville & de moi; il m'a promis de te faire rendre mes nœuds & mes lettres; il m'a assuré que tu trouverois des Interprètes pour t'expliquer les dernieres. On vient me demander le paquet, il faut que je te quitte : adieu, cher espoir de ma vie ; je continuerai a t'écrire : si je ne puis te faire passer mes lettres, je te les garderai.

Comment supporterois-je la longueur de ton voyage, si je me privois du seul moyen que j'ai de m'entretenir de ma joie, de mes transports, de mon bonheur ?

LETTRE VINGT-SEPTIEME.

Tooute l'amitié de Céline rendue à Zilia, & à quelle occasion. Noble fierté de Zilia, qui refuse les présens que Céline veut lui faire. On apporte à Zilia des coffres pleins des ornemens du Temple du Soleil. Billet de Déterville. Libéralite de Zilia.

DEPUIS que je sçais mes lettres en chemin, mon cher Aza, je jouis d'une tranquillité que je ne connoissois plus. Je pense sans cesse au plaisir que tu auras à les recevoir ; je vois tes transports, je les partage ; mon ame ne reçoit de toute part que des idées agréables ; & pour comble de joie, la paix est rétablie dans notre petite société.

Les Juges ont rendu à Céline les biens dont sa mere l'avoit privée. Elle voit son amant tous les jours ; son mariage n'est retardé que par les apprêts qui y sont nécessaires. Au comble de ses vœux, elle ne pense plus à me quereller, & je lui en ai autant d'obligation, que si je devois à son amitié les bontés qu'elle recommence à me témoigner. Quel qu'en soit le motif, nous sommes toujours redevables à ceux qui nous font éprouver un sentiment doux.

Ce matin, elle m'en a fait sentir tout le prix, par une complaisance qui m'a fait passer d'un trouble fâcheux à une tranquillité agréable.

On lui a apporté une quantité prodigieuse d'étoffes, d'habits, de bijoux de toutes espèces ; elle est accourue dans ma chambre, m'a emmenée dans la sienne, & après m'avoir consultée sur les differentes beautés de tant d'ajustemens, elle a fait elle-même un tas de ce qui avoit le plus attiré mon attention, &, d'un air empressé, elle commandoit déjà à nos *Chinas* de le porter chez moi, quand je m'y suis opposée de toutes mes forces. Mes instances n'ont d'abord servi qu'à la divertir; mais voyant que son obstination augmentoit avec mes refus, je n'ai pu dissimuler davantage mon ressentiment.

Pourquoi, lui ai-je dit, les yeux baignés des larmes, pourquoi voulez-vous m'humilier plus que je ne le suis? Je vous dois la vie, & tout ce que j'ai; c'est plus qu'il n'en faut pour ne point oublier mes malheurs. Je sçais que, selon vos loix, quand les bienfaits ne sont d'aucune utilité à ceux qui les reçoivent, la honte en est effacée. Attendez donc que je n'en aie plus aucun besoin, pour exercer votre générosité. Ce n'est pas sans répugnance, ajoutai-je d'un ton plus modéré, que je me conforme à des sentimens si peu naturels. Nos usages sont plus humains; celui qui reçoit s'honore autant que celui qui donne: vous m'avez appris à penser autrément; n'étoit-ce donc que pour me faire des outrages?

Cette aimable amie, plus touchée de

mes larmes, qu'irritée de mes reproches, m'a répondu d'un ton d'amitié : nous sommes bien éloignés, mon frere & moi, ma chere Zilia, de vouloir blesser votre délicatesse ; il nous siéroit mal de faire les magnifiques avec vous ; vous le connoîtrez dans peu ; je voulois seulement que vous partageassiez avec moi les présens d'un frere généreux ; c'étoit le plus sûr moyen de lui en marquer ma reconnoissance : l'usage, dans le cas où je suis, m'autorisoit à vous les offrir ; mais puisque vous en êtes offensée, je ne vous en parlerai plus. Vous me le promettez donc, lui ai-je dit ? Oui, m'a-t-elle répondu en souriant ; mais permettez-moi d'en écrire un mot à Déterville.

Je l'ai laissé faire, & la gaieté s'est rétablie entre nous : nous avons recommencé à examiner ses parures plus en détail, jusqu'au tems où on l'a demandée au parloir : elle vouloit m'y mener ; mais, mon cher Aza, est-il pour moi quelques amusemens comparables à celui de t'écrire ? Loin d'en chercher d'autres, j'appréhende ceux que le mariage de Céline me prépare.

Elle prétend que je quitte la maison

religieuſe, pour demeurer dans la ſienne quand elle ſera mariée ; mais ſi j'en ſuis crue ....

Aza, mon cher Aza, par quelle agréable ſurpriſe ma lettre fut-elle hier interrompue ? Hélas ! je croyois avoir perdu pour jamais ces précieux monumens de notre ancienne ſplendeur ; je n'y comptois plus, je n'y penſois même pas. J'en ſuis environnée, je les vois, je les touche, & j'en crois à peine mes yeux & mes mains.

Au moment où je t'écrivois, je vis entrer Céline, ſuivie de quatre hommes accablés ſous le poids de gros coffres qu'ils portoient ; ils les poſerent à terre & ſe retirerent. Je penſai que ce pouvoit être de nouveaux dons de Déterville. Je murmurois déjà en ſecret, lorſque Céline me dit, en me préſentant des clefs : ouvrez, Zilia, ouvrez ſans vous effaroucher ; c'eſt de la part d'Aza. Je le crus. A ton nom, eſt-il rien qui puiſſe arrêter mon empreſſement ? J'ouvris avec précipitation, & ma ſurpriſe confirma mon erreur, en reconnoiſſant tout ce qui s'offrit à ma vue pour des ornemens du Temple du Soleil.

Un ſentiment confus, mêlé de triſteſſe & de joie, de plaiſir & de regret, remplit tout mon cœur. Je me proſternai devant ces reſtes ſacrés de notre culte & de nos autels; je les couvris de reſpectueux baiſers, je les arroſai de mes larmes, je ne pouvois m'en arracher; j'avois oublié juſqu'à la préſence de Céline; elle me tira de mon ivreſſe, en me donnant une lettre qu'elle me pria de lire.

Toujours remplie de mon erreur, je la crus de toi, mes tranſports redoublèrent; mais quoique je la déchiffraſſe avec peine, je connus bientôt qu'elle étoit de Déterville.

Il me ſera plus aiſé, mon cher Aza, de te le copier, que de t'en expliquer le ſens.

BILLET DE DÉTERVILLE.

« Ces tréſors ſont à vous, belle Zilia, » puiſque je les ai trouvés ſur le Vaiſſeau » qui vous portoit. Quelques diſcuſſions » arrivées entre les gens de l'Equipage » m'ont empêché juſqu'ici d'en diſpoſer » librement. Je voulois vous les préſenter » moi-même; mais les inquiétudes » que vous avez témoignées ce matin à

» ma sœur ne me laissent plus le choix du » moment. Je ne sçaurois trop tôt dissi- » per vos craintes ; je préférerai toute ma » vie votre satisfaction à la mienne ».

Je l'avoue, en rougissant, mon cher Aza, je sentis moins alors la générosité de Déterville, que le plaisir de lui donner des preuves de la mienne.

Je mis promptement à part un vase que le hazard, plus que la cupidité, a fait tomber dans les mains des Espagnols. C'est le même (mon cœur l'a reconnu) que tes lévres toucherent le jour où tu voulus bien goûter du *Aca* (a) préparé de ma main. Plus riche de ce trésor que de tous ceux qu'on me rendoit, j'appellai les gens qui les avoient apportés : je voulois les leur faire reprendre pour les renvoyer à Déterville ; mais Céline s'opposa à mon dessein.

Que vous êtes injuste, Zilia, me dit-elle ! Quoi ! vous voulez faire accepter des richesses immenses à mon frere, vous que l'offre d'une bagatelle offense ! Rappellez votre équité, si vous voulez en inspirer aux autres.

(*a*) Boisson des Indiens.

Ces paroles me frapperent. Je craignis qu'il n'y eût dans mon action plus d'orgueil & de vengeance que de générosité. Que les vices sont près des vertus ! J'avouai ma faute, j'en demandai pardon à Céline; mais je souffrois trop de la contrainte qu'elle vouloit m'imposer pour n'y pas chercher de l'adoucissement. Ne me punissez pas autant que je le mérite, lui dis-je, d'un air timide; ne dédaignez pas quelques modeles du travail de nos malheureuses contrées; vous n'en avez aucun besoin, ma priere ne doit point vous offenser.

Tandis que je parlois, je remarquai que Céline regardoit attentivement deux Arbustes d'or, chargés d'oiseaux & d'insectes, d'un travail excellent; je me hâtai de les lui présenter avec une petite corbeille d'argent, que je remplis de Coquillages, de Poissons, & de fleurs les mieux imitées : elle les accepta avec une bonté qui me ravit.

Je choisis ensuite plusieurs Idoles des nations vaincues (*a*) par tes ancêtres, &

(*a*) Les Incas faisoient déposer dans le Temple du Soleil les Idoles des peuples qu'ils sou-

une petite ſtatue (*a*) qui repréſentoit une vierge du Soleil ; j'y joignis un tigre, un lion & d'autres animaux courageux, & je la priai de les envoyer à Déterville. Ecrivez-lui donc, me dit-elle, en ſouriant ; ſans une lettre de votre part, les préſens ſeroient mal reçus.

J'étois trop ſatisfaite pour rien refuſer ; j'écrivis tout ce que me dicta ma reconnoiſſance ; & lorſque Céline fut ſortie, je diſtribuai de petits préſens à ſa *China* & à la mienne ; j'en mis à part pour mon Maître à écrire. Je goûtai enfin le délicieux plaiſir de donner.

Ce n'a pas été ſans choix, mon cher Aza ; tout ce qui vient de toi, tout ce qui a des rapports intimes avec ton ſouvenir, n'eſt point ſorti de mes mains.

La chaiſe d'or (*b*) que l'on conſervoit dans le Temple pour le jour des viſites

---

mettoient, après leur avoir fait accepter le culte du Soleil. Ils en avoient eux-mêmes, puiſque l'Inca *Huayna* conſulta l'Idole de Rimace. *Hiſtoire des Incas*. Tom. 1, pag. 350.

(*a*) Les Incas ornoient leurs maiſons de ſtatues d'or de toute grandeur, & même de giganteſques.

(*b*) Les Incas ne s'aſſeyoient que ſur des ſiéges d'or maſſif.

du *Capa-Inca*, ton auguſte pere, placée d'un côté de ma chambre en forme de trône, me repréſente ta grandeur & la majeſté de ton rang. La grande figure du Soleil, que je vis moi-même arracher du Temple par les perfides Eſpagnols, ſuſpendue au-deſſus, excite ma vénération; je me proſterne devant elle, mon eſprit l'adore, & mon cœur eſt tout à toi. Les deux palmiers que tu donnas au Soleil pour offrande & pour gage de la foi que tu m'avois jurée, placés aux deux côtés du trône, me rappellent ſans ceſſe tes tendres ſermens.

Des fleurs, des oiſeaux répandus avec ſymmétrie dans tous les coins de ma chambre, forment, en raccourci, l'image de ces magnifiques jardins (*a*), où je me ſuis ſi ſouvent entretenue de ton idée. Mes yeux ſatisfaits ne s'arrêtent nulle part ſans me rappeller ton amour, ma joie, mon honheur, enfin tout ce qui fera jamais la vie de ma vie.

(*a*) On a déjà dit que les jardins du Temple & ceux des maiſons royales étoient remplis de toutes ſortes d'imitations en or & en argent. Les Péruviens imitoient juſqu'à l'herbe appellé *mays*, dont ils faiſoient des champs tout entiers.

LETTRE

LETTRE VINGT-HUITIEME.

Zilia témoigne à Aza l'étonnement où l'a jettée le spectacle de nos jardins, jets-d'eau, &c.

JE n'ai pû résister, mon cher Aza, aux instances de Céline ; il a fallu la suivre, & nous sommes depuis deux jours à sa Maison de Campagne, où son mariage fut célébré en arrivant.

Avec quelle violence & quels regrets ne me suis-je pas arrachée à ma solitude ! A peine ai-je eu le tems de jouir de la vue des ornemens précieux qui me la rendoient si chere, que j'ai été forcée de les abandonner ; & pour combien de tems ? je l'ignore.

La joie & les plaisirs dont tout le monde paroît être enivré, me rappellent avec plus de regret les jours paisibles que je passois à t'écrire, ou du moins à penser à toi : cependant je ne vis jamais d'objets si merveilleux & si propres à me distraire ; & avec l'usage passable que j'ai à préſent de la langue du pays, je pourrois tirer des éclairciſſemens auſſi amuſans qu'utiles, ſur tout ce qui ſe paſſe ſous mes yeux, ſi le bruit & le tumulte laiſſoit à quelqu'un aſſez de ſang-froid pour répondre à mes queſtions : mais juſqu'ici je n'ai trouvé perſonne qui en eût la complaiſance, & je ne ſuis guères moins embarraſſée que je l'étois en arrivant en France.

La parure des hommes & des femmes eſt ſi brillante, ſi chargée d'ornemens inutiles : les uns & les autres prononcent ſi rapidement ce qu'ils diſent, que mon attention à les écouter, m'empêche de les voir ; & celle que j'emploie à les regarder, m'empêche de les entendre. Je reſte dans une eſpèce de ſtupidité, qui fourniroit ſans doute beaucoup à leur plaiſanterie, s'ils avoient le loiſir de s'en appercevoir ; mais ils ſont ſi occupés d'eux-mêmes, que mon étonnement leur échappe. Il n'eſt que trop fondé, mon cher Aza ; je vois ici des prodiges, dont les reſſorts ſont impénétrables à mon imagination.

Je ne te parlerai pas de la beauté de cette maiſon, preſqu'auſſi grande qu'une ville ; ornée comme un Temple, & remplie d'un grand nombre de bagatelles agréables, dont je vois faire si peu d'usage, que je ne puis me defendre de penser que les François ont choisi le superflu pour l'objet de leur culte : on lui consacre les Arts, qui sont ici tant au-dessus de la nature : ils semblent ne vouloir que l'imiter, ils la surpassent ; & la maniere dont ils font usage de ses productions paroît souvent supérieure à la sienne. Ils rassemblent dans les jardins, & presque dans un point de vue les beautés qu'elle distribue avec économie sur la surface de la terre, & les élémens soumis semblent n'apporter d'obstacles à leurs entreprises, que pour rendre leurs triomphes plus éclatans.

On voit la terre étonnée, nourrir & élever dans son sein les plantes des climats les plus éloignés, sans besoin, sans nécessité apparente, que celle d'obéir aux Arts, & d'orner l'Idole du superflu. L'eau, si facile à diviser, qui semble n'avoir de consistance que par les vaisseaux qui la contiennent, & dont la direction naturelle est de suivre toutes sortes de pentes, se trouve forcée ici à s'élancer rapidement dans les airs, sans guide, ſans ſoutien, par ſa propre force, & ſans autre utilité que le plaiſir des yeux.

Le feu, mon cher Aza, le feu, ce terrible élément, je l'ai vu, renonçant à ſon pouvoir deſtructeur, dirigé docilement par une puiſſance ſupérieure, prendre toutes les formes qu'on lui preſcrit; tantôt deſſinant un vaſte tableau de lumiere ſur un Ciel obſcurci par l'abſence du Soleil, & tantôt nous montrant cet Aſtre Divin deſcendu ſur la terre avec ſes feux, ſon activité, ſa lumiere éblouiſſante; enfin dans un éclat qui trompe les yeux & le jugement. Quel art, mon cher Aza! Quels hommes! Quel génie! J'oublie tout ce que j'ai entendu, tout ce que j'ai vu de leur petiteſſe; je retombe, malgré moi, dans mon ancienne admiration.

LETTRE VINGT-NEUVIEME

Zilia moralise sur la vanité, la frivolité & la politesse des François.

Ce n'est pas sans un véritable regret, mon cher Aza, que je passe de l'admiration du génie des François, au mépris de l'usage qu'ils en font. Je me plaisois de bonne foi à estimer cette nation charmante, mais je ne puis me refuser à l'évidence de ses défauts.

Le tumulte s'est enfin appaisé, j'ai pu faire des questions; on m'a répondu; il n'en faut pas davantage ici pour être instruite au-delà même de ce qu'on veut sçavoir. C'est avec une bonne-foi & une légèreté hors de toute croyance, que les François dévoilent les secrets de la perversité de leurs mœurs. Pour peu qu'on les interroge, il ne faut ni finesse ni pénétration pour démêler, que leur goût effréné pour le superflu a corrompu leur raison, leur cœur & leur esprit; qu'il a établi des richesses chimériques sur les ruines du nécessaire; qu'il a substitué une politesse superficielle aux bonnes mœurs, & qu'il remplace le bon-sens & la raison, par le faux brillant de l'esprit.

La vanité dominante des François, est celle de paroître opulens. Le Génie, les Arts ; &, peut-être les Sciences, tout se rapporte au faste ; tout concourt à la ruine des fortunes ; &, comme si la fécondité de leur génie ne suffisoit pas pour en multiplier les objets, je sçais d'eux-mêmes, qu'au mépris des biens solides & agréables, que la France produit en abondance, ils tirent, à grands frais, de toutes les parties du monde, les meubles fragiles & sans usage, qui font l'ornement de leurs maisons ; les parures éblouissantes dont ils sont couverts ; jusqu'aux mêts & aux liqueurs qui composent leurs repas.

Peut-être, mon cher Aza, ne trouverois-je rien de condamnable dans l'excès de ces superfluités, si les François avoient des trésors pour y satisfaire, ou qu'ils n'employassent à contenter leur goût, que ce qui leur resteroit, après avoir établi leurs maisons sur une aisance honnête.

Nos Loix, les plus sages qui aient été

données aux hommes, permettent de certaines décorations dans chaque état, qui caractérisent la naissance ou les richesses, & qu'à la rigueur on pourroit nommer du superflu ; aussi n'est-ce que celui qui naît du déréglement de l'imagination, celui qu'on ne peut soutenir sans manquer à l'humanité & à la justice, qui me paroît un crime ; en un mot, c'est celui dont les François sont idolâtres, & auquel ils sacrifient leur repos & leur honneur.

Il n'y a parmi eux qu'une classe de Citoyens en état de porter le culte de l'Idole à son plus haut degré de splendeur, sans manquer au devoir du nécessaire. Les Grands ont voulu les imiter : mais ils ne sont que les martyrs de cette Religion. Quelle peine, quel embarras, quel travail, pour soutenir leur dépense au-delà de leurs revenus ! Il y a peu de Seigneurs qui ne mettent en usage plus d'industrie, de finesse & de supercherie pour se distinguer par de frivoles somptuosités, que leurs ancêtres n'ont employé de prudence, de valeur & de talens utiles à l'Etat, pour illustrer leur propre nom. Et ne crois pas que je t'enimposé, mon cher Aza : j'entends tous les jours avec indignation des jeunes-gens se disputer entr'eux la gloire d'avoir mis le plus de subtilité & d'adresse, dans les manœuvres qu'ils emploient pour tirer les superfluités dont ils se parent, des mains de ceux qui ne travaillent que pour ne pas manquer du nécessaire.

Quels mépris de tels hommes ne m'inspireroient-ils pas pour toute la nation, si je ne sçavois d'ailleurs que les François péchent plus communément faute d'avoir une idée juste des choses, que faute de droiture : leur légèreté exclut presque toujours le raisonnement. Parmi eux rien n'est grave, rien n'a de poids ; peut-être aucun n'a jamais réfléchi sur les conséquences déshonorantes de sa conduite. Il faut paroître riche ; c'est une mode, une habitude : on la suit ; un inconvénient se présente ; on le surmonte par une injustice ; on ne croit que triompher d'une difficulté ; mais l'illusion va plus loin.

Dans la plupart des maisons, l'indigence & le superflu ne sont séparés que par un appartement. L'un & l'autre partagent les occupations de la journée, mais d'une maniere bien différente. Le matin dans l'intérieur du cabinet, la voix de la pauvreté se fait entendre par la bouche d'un homme payé pour trouver les moyens de les concilier avec la fausse opulence. Le chagrin & l'humeur président à ces entretiens, qui finissent ordinairement par le sacrifice du nécessaire, que l'on immole au superflu. Le reste du jour, après avoir pris un autre habit, un autre appartement, & presque un autre être, ébloui de sa propre magnificence, on est gai, on se dit heureux : on va jusqu'à se croire riche.

J'ai cependant remarqué que quelques-uns de ceux qui étalent leur faste avec le plus d'affectation, n'osent pas toujours croire qu'ils en imposent. Alors ils se plaisantent eux-mêmes sur leur propre indigence ; ils insultent gaiement à la mémoire de leurs ancêtres, dont la sage économie se contentoit de vêtemens commodes, de parures & d'ameublemens proportionnés à leurs revenus plus qu'à leur naissance. Leur famille, dit-on, & leurs domestiques jouissoient d'une abondance frugale & honnête. Ils dotoient leurs filles, & ils établissoient sur des fondemens solides la fortune du successeur de leur nom, & tenoient en réserve de quoi réparer l'infortune d'un ami, ou d'un malheureux.

Te le dirai-je, mon cher Aza? Malgré l'aspect ridicule sous lequel on me présentoit les mœurs de ces tems reculés, elles me plaisoient tellement; j'y trouvois tant de rapport avec la naïveté des nôtres, que, me laissant entraîner à l'illusion, mon cœur tressailloit à chaque circonstance, comme si j'eussé dû, à la fin du récit, me trouver au milieu de nos chers Citoyens. Mais aux premiers applaudissemens que j'ai donnés à ces coutumes si sages, les éclats de rire que je me suis attirés, ont dissipé mon erreur; & je n'ai trouvé autour de moi que les François insensés de ce tems-ci, qui font gloire du déréglement de leur imagination.

La même dépravation qui a transformé les biens solides des François en bagatelles inutiles, n'a pas rendu moins superficiels les liens de leur société. Les plus censés d'entr'eux, qui gémissent de cette dépravation, m'ont assuré qu'autrefois, ainsi que parmi nous, l'honnêteté étoit dans l'ame & l'humanité dans le cœur. Cela peut-être : mais à présent, ce qu'ils appellent politesse leur tient lieu de sentiment. Elle consiste dans une infinité de paroles sans signification, d'égards sans estime, & de soins sans affection.

Dans les grandes maisons, un domestique est chargé de remplir les devoirs de la société. Il fait chaque jour un chemin considérable, pour aller dire à l'un que l'on est en peine de sa santé; à l'autre, que l'on s'afflige de son chagrin, ou que l'on se réjouit de son plaisir. A son retour, on n'écoute point les réponses qu'il rapporte. On est convenu réciproquement de s'en tenir à la forme, de n'y mettre aucun intérêt; & ces attentions tiennent lieu d'amitié.

Les égards se rendent personnellement; on les pousse jusqu'à la puérilité : j'aurois honte de t'en rapporter quelqu'un, s'il ne falloit tout sçavoir d'une nation si singuliere. On manqueroit d'égards pour ses supérieurs, & même pour ses égaux, si, après l'heure du repas que l'on vient de prendre familièrement avec eux, on satisfaisoit aux besoins d'une soif pressante, sans avoir demandé autant d'excuſes que de permiſſions. On ne doit pas non plus laiſſer toucher ſon habit à celui d'une perſonne conſidérable ; & ce ſeroit lui manquer que de la regarder attentivement ; mais ce ſeroit bien pis, ſi on manquoit à la voir. Il me faudroit plus d'intelligence & plus de mémoire que je n'en ai, pour te rapporter toutes les frivolités que l'on donne & que l'on reçoit pour des marques de conſidération, qui veut preſque dire de l'eſtime.

A l'égard de l'abondance des paroles, tu entendras un jour, mon cher Aza, que l'exagération, auſſi-tôt déſavouée que prononcée, eſt le fonds inépuiſable de la converſation des François. Ils manquent rarement d'ajouter un compliment ſuperflu à celui qui l'étoit déjà, dans l'intention de perſuader qu'ils n'en font point. C'eſt avec des flatteries outrées, qu'ils proteſtent de la ſincérité des louanges qu'ils prodiguent ; & ils appuient leurs proteſtations d'amour & d'amitié de tant de termes inutiles, que l'on n'y reconnoît point le ſentiment.

O mon cher Aza ! que mon peu d'empreſſement à parler, que la ſimplicité de mes expreſſions doivent leur paroître insipides ! Je ne crois pas que mon esprit leur inspire plus d'estime. Pour mériter quelque réputation à cet égard, il faut avoir fait preuve d'une grande sagacité à saisir les différentes significations des mots, & à déplacer leur usage. Il faut exercer l'attention de ceux qui écoutent par la subtilité des pensées, souvent impénétrables, ou bien en dérober l'obscurité, sous l'abondance des expressions frivoles. J'ai lu dans un de leurs meilleurs Livres : *Que l'Esprit du Beau Monde consiste à dire agréablement des riens, à ne se pas permettre le moindre propos sensé, si on ne le fait excuser par les graces du discours ; à voiler enfin la raison, quand on est obligé de la produire* (a).

Que pourrois-je te dire, qui pût te prouver mieux, que le bon-sens & la raison, qui sont regardés comme le nécessaire de l'esprit, sont méprisés ici, comme tout ce qui est utile ? Enfin, mon cher Aza, sois assuré que le superflu domine si souverainement en France, que qui

---

(*a*) Considérations sur les mœurs du Siècle, par M. Duclos.

n'a qu'une fortune honnête eſt pauvre ; qui n'a que des vertus eſt plat, & qui n'a que du bon-ſens eſt ſot.

LETTRE TRENTIEME.

Zilia ſe plaint à Aza de ce que Déterville évite de ſe remontrer auprès d'elle. Motif de ſa triſteſſe à ce ſujet.

LE penchant des François les porte ſi naturellement aux extrêmes, mon cher Aza, que Déterville, quoiqu'exempt de la plus grande partie des défauts de ſa nation, participe néanmoins à celui-là. Non content de tenir la promeſſe qu'il m'a faite de ne plus me parler de ſes ſentimens, il évite avec une attention marquée, de ſe remontrer auprès de moi. Obligés de nous voir ſans ceſſe, je n'ai pas encore trouvé l'occaſion de lui parler.

Quoique la compagnie ſoit toujours fort nombreuſe & fort gaie, la triſteſſe règne ſur ſon viſage. Il eſt aiſé de deviner que ce n'eſt pas ſans violence, qu'il ſubit la loi qu'il s'eſt impoſée. Je devrois peut-être lui en tenir compte ; mais j'ai tant de queſtions à lui faire ſur les intérêts de mon cœur, que je ne puis lui pardonner ſon affectation à me fuir.

Je voudrois l'interroger ſur la Lettre qu'il a écrite en Eſpagne, & ſçavoir ſi elle peut être arrivée à préſent ; je voudrois avoir une idée juſte du tems de ton départ, de celui que tu emploieras à faire ton voyage, afin de fixer celui de mon bonheur. Une eſpérance fondée eſt un bien réel : mais, mon cher Aza, elle eſt bien plus chere, quand on en voit le terme.

Aucun des plaiſirs qui occupent la compagnie, ne m'affecte ; ils ſont trop bruyans pour mon ame ; je ne jouis plus de l'entretien de Céline. Toute occupée de ſon nouvel époux, à peine puis-je trouver quelques momens pour lui rendre des devoirs d'amitié. Le reſte de la compagnie ne m'eſt agréable, qu'autant que je puis en tirer des lumieres ſur les différens objets de ma curioſité ; & je n'en trouve pas toujours l'occaſion. Ainſi, ſouvent ſeule, au milieu du monde, je n'ai d'amuſemens que mes penſées ; elles font toutes à toi, cher ami de mon cœur ; tu feras à jamais le feul confident de mon ame, de mes plaifirs & de mes peines.

LETTRE TRENTE-UNIEME.

Rencontre imprévue de Zilia & de Déterville. Leur entretien. Allarmes & soupçons de Zilia sur la fidélité d'Aza, dont elle a appris le changement de Religion.

J'AVOIS grand tort, mon cher Aza, de défirer fi vivement un entretien avec Déterville. Hélas ! il ne m'a que trop parlé ; quoique je défavoue le trouble qu'il a excité dans mon ame, il n'eft point encore effacé.

Je ne fçais quelle forte d'impatience fe joignit hier à l'ennui que j'éprouve fouvent. Le monde & le bruit me devinrent plus importuns qu'à l'ordinaire : jufqu'a la tendre fatisfaction de Céline & de fon époux, tout ce que je voyois m'infpiroit une indignation approchante du mépris. Honteufe de trouver des fentimens fi injuftes dans mon cœur, j'allai cacher l'embarras qu'ils me causoient dans l'endroit le plus reculé du jardin.

A peine m'étois-je assise au pied d'un arbre, que des larmes involontaires coulerent de mes yeux. Le visage caché dans mes mains, j'étois dans une rêverie si profonde, que Déterville étoit à genoux à côté de moi, avant que je l'eusse apperçu.

Ne vous offensez pas, Zilia, me dit-il; c'est le hazard qui m'a conduit à vos pieds, je ne vous cherchois pas. Importuné du tumulte, je venois jouir en paix de ma douleur. Je vous ai apperçue, j'ai combattu avec moi-même pour m'éloigner de vous: mais je suis trop malheureux pour l'être sans relâche; par pitié pour moi je me suis approché, j'ai vu couler vos larmes, je n'ai plus été le maître de mon cœur: cependant, si vous m'ordonnez de vous fuir, je vous obéirai. Le pourrez-vous, Zilia? Vous suis-je odieux? Non, lui dis-je; au contraire, asséyez-vous; je suis bien aise de trouver une occasion de m'expliquer. Depuis vos derniers bienfaits...... N'en parlons point, interrompit-il vivement. Attendez, repris-je, en l'interrompant à mon tour ; pour être tout-à-fait généreux ; il faut se prêter à la reconnoissance ; je ne vous ai point parlé depuis que vous m'avez rendu les précieux ornemens du Temple où j'ai été enlevée. Peut-être en vous écrivant, ai-je mal exprimé les sentimens qu'un tel excès de bonté m'inspiroit ; je veux.... Hélas ! interrompit-il encore, que la reconnoissance est peu flatteuse pour un cœur malheureux ! Compagne de l'indifférence, elle ne s'allie que trop souvent avec la haîne.

Qu'osez-vous penser ? m'écriai-je : ah, Déterville ! combien j'aurois de reproches à vous faire, si vous n'étiez pas tant à plaindre ! bien loin de vous haïr, dès le premier moment où je vous ai vu, j'ai senti moins de repugnance à dépendre de vous que des Espagnols. Votre douceur & votre bonté me firent désirer dès-lors de gagner votre amitié. A mesure que j'ai démêlé votre caractere, je me suis confirmée dans l'idée que vous méritiez toute la mienne, & sans parler des extrêmes obligations que je vous ai, puisque ma reconnoissance vous blesse, comment aurois-je pû me défendre des sentimens qui vous sont dûs ?

Je n'ai trouvé que vos vertus dignes de la ſimplicité des nôtres. Un fils du Soleil s'honoreroit de vos ſentimens : votre raiſon eſt preſque celle de la Nature : combien de motifs pour vous chérir ! jusqu'à la nobleſſe de votre figure, tout me plaît en vous ; l'amitié a des yeux auſſi-bien que l'amour. Autrefois, après un moment d'abſence, je ne vous voyois pas revenir ſans qu'une ſorte de ſérénité ne ſe répandît dans mon cœur : pourquoi avez-vous changé ces innocens plaiſirs en peines & en contraintes ?

Votre raiſon ne paroît plus qu'avec effort. J'en crains ſans ceſſe les écarts. Les ſentimens dont vous m'entretenez, gênent l'expreſſion des miens ; ils me privent du plaiſir de vous peindre ſans détour les charmes que je goûterois dans votre amitié, ſi vous n'en troubliez la douceur. Vous m'ôtez juſqu'à la volupté délicate de regarder mon bienfaiteur ; vos yeux embarraſſent les miens ; je n'y remarque plus cette agréable tranquillité qui paſſoit quelquefois juſqu'à mon ame ; je n'y trouve qu'une morne douleur qui me reproche ſans ceſſe d'en être la cauſe.

Ah, Deterville ! que vous êtes injuste, si vous croyez souffrir seul !

Ma chere Zilia, s'écria-t-il, en me baisant la main avec ardeur, que vos bontés & votre franchise redoublent mes regrets ! Quel trésor que la possession d'un cœur tel que le vôtre ! Mais avec quel désespoir vous m'en faites sentir la perte ! Puissante Zilia, continua-t-il, quel pouvoir est le vôtre ! N'étoit-ce point assez de me faire passer de la profonde indifference à l'amour excessif, de l'indolence à la fureur, faut-il encore vaincre des sentimens que vous avez fait naître ? Le pourrai-je ? Oui, lui dis-je ; cet effort est digne de vous, de votre cœur. Cette action juste vous eleve au-dessus des mortels. Mais pourrai-je y survivre ? reprit-il douloureusement. N'espérez pas au moins que je serve de victime au triomphe de votre amant ; j'irai loin de vous adorer votre idée ; elle sera la nourriture amere de mon cœur, je vous aimerai, & je ne vous verrai plus ! Ah ! du moins, n'oubliez pas .....

Les sanglots étoufferent sa voix ; il se hâta de cacher les larmes qui couvroient son visage ; j'en répandois moi-même.

Aussi touchée de sa générosité que de sa douleur, je pris une de ses mains que je serrai dans les miennes ; non, lui dis-je, vous ne partirez point. Laissez-moi mon ami, contentez-vous des sentimens que j'aurai toute ma vie pour vous ; je vous aime presqu'autant que j'aime Aza : mais je ne puis jamais vous aimer comme lui.

Cruelle Zilia ! s'écria-t-il avec transport, accompagnerez-vous toujours vos bontés des coups les plus sensibles ? Un mortel poison détruira-t-il sans cesse le charme que vous répandez sur vos paroles ? Que je suis insensé de me livrer à leur douceur ! Dans quel honteux abbaissement je me plonge ! C'en est fait, je me rends à moi-même, ajouta-t-il d'un ton ferme ; adieu, vous verrez bientôt Aza. Puisse-t-il ne pas vous faire éprouver les tourmens qui me dévorent, puisse-t-il être tel que vous le désirez, & digne de votre cœur.

Quelles allarmes, mon cher Aza, l'air dont il prononça ces dernieres paroles ne jetta-t-il pas dans mon ame ! Je ne pus me défendre des soupçons qui se présenterent en foule à mon esprit. Je ne doutai pas que Déterville ne fût mieux instruit qu'il ne vouloit le paroître, qu'il ne m'eût caché quelques Lettres qu'il pouvoit avoir reçues d'Espagne ; enfin, oserai-je le prononcer, que tu ne fusses infidèle.

Je lui demandai la vérité avec les dernieres instances : tout ce que je pus tirer de lui, ne fut que des conjectures vagues, aussi propres à confirmer qu'à détruire mes craintes. Cependant les réflexions qu'il fit sur l'inconstance des hommes, sur les dangers de l'absence, & sur la légèreté avec laquelle tu avois changé de Religion, jetterent quelque trouble dans mon ame.

Pour la premiere fois, ma tendresse me devint un sentiment pénible ; pour la premiere fois je craignis de perdre ton cœur. Aza ! s'il étoit vrai ; si tu ne m'aimois plus !... Ah ! que jamais un tel soupçon ne souille la pureté de mon cœur. Non ; je serois seule coupable, si je m'arrêtois un moment à cette pensée, indigne de ma candeur, de ta vertu, de ta constance. Non, c'est le désespoir qui a suggéré à Déterville ces affreuses idées. Son trouble & son égarement ne devoient-ils pas me rassurer ? L'intérêt qui me faisoit parler, ne devoit-il pas m'être suspect ? Il me le fut, mon cher Aza : mon chagrin se tourna tout entier contre lui ; je le traitai durement ; il me quitta désespéré. Aza ! je t'aime si tendrement ! Non, jamais tu ne pourras m'oublier.

LETTRE TRENTE-DEUXIEME.

Impatience de Zilia sur l'arrivée d'Aza. Elle demeure avec Celine & son mari, qui la répandent dans le grand monde. Ses réflexions sur le caractère des François.

QUE ton voyage est long, mon cher Aza ! Que je désire ardemment ton arrivée ! Le terme m'en paroît plus vague que je ne l'avois encore envisagé ; & je me garde bien de faire là-dessus aucune question à Déterville. Je ne puis lui pardonner la mauvaise opinion qu'il a de ton cœur. Celle que je prends du sien, diminue de beaucoup la pitié que j'avois de ſes peines, & le regret d'être en quelque façon ſeparée de lui.

Nous ſommes à Paris depuis quinze jours; je demeure avec Céline dans la maiſon de ſon mari, aſſez éloignée de celle de ſon frere, pour n'être point obligée à le voir à toute heure. Il vient ſouvent y manger; mais nous y menons une vie ſi agitée, Céline & moi, qu'il n'a pas le loiſir de me parler en particulier.

Depuis notre retour, nous employons une partie de la journée au travail pénible de notre ajuſtement, & le reſte, à ce qu'on appelle rendre des devoirs. Ces deux occupations me paroîtroient auſſi infructueuſes, qu'elles ſont fatiguantes, ſi la derniere ne me procuroit les moyens de m'inſtruire encore plus particulierement des mœurs du pays. A mon arrivée en France, n'ayant aucune connoiſſance de la langue, je ne jugeois que ſur les apparences. Lorſque je commençai à en faire uſage, j'étois dans la maiſon religieuſe : tu ſçais que j'y trouvois peu de ſecours pour mon inſtruction ; je n'ai vu à la Campagne qu'une eſpèce de ſociété particuliere : c'eſt à préſent que, répandue

répandue dans ce qu'on appelle le grand monde, je vois la nation entière, & que je puis l'examiner ſans obſtacle.

Les devoirs que nous rendons, conſiſtent à entrer en un jour dans le plus grand nombre de maiſons qu'il eſt poſſible pour y rendre & y recevoir un tribut de louanges réciproques ſur la beauté du viſage & de la taille, ſur l'excellence du goût & du choix des parures, & jamais ſur les qualités de l'ame.

Je n'ai pas été long-tems ſans m'appercevoir de la raiſon qui fait prendre tant de peines pour acquérir cet hommage frivole ; c'eſt qu'il faut néceſſairement le recevoir en perſonne ; encore n'eſt-il que bien momentané. Dès que l'on diſparoît, il prend une autre forme. Les agrémens que l'on trouvoit à celle qui ſort, ne ſervent plus que de comparaiſon mépriſante pour établir les perfections de celle qui arrive.

La cenſure eſt le goût dominant des François, comme l'inconſéquence eſt le caractère de la nation. Leurs Livres ſont la critique générale des mœurs, & leur converſation celle de chaque Particulier, pourvu néanmoins qu'ils ſoient abſens ;

alors on dit librement tout le mal que l'on ne pense pas. Les plus gens de bien suivent la coutume ; on les distingue seulement à une certaine formule d'apologie de leur franchise & de leur amour pour la vérité, au moyen de laquelle ils révèlent, sans scrupule, les défauts, les ridicules, & jusqu'aux vices de leurs amis.

Si la sincérité dont les François font usage les uns contre les autres, n'a point d'exception, de même leur confiance réciproque est sans bornes. Il ne faut ni éloquence pour se faire écouter, ni probité pour se faire croire. Tout est dit, tout est reçu avec la même légèreté.

Ne crois pas pour cela, mon cher Aza, qu'en général les François soient nés méchans ; je serois plus injuste qu'eux, si je te laissois dans l'erreur.

Naturellement sensibles, touchés de la vertu, je n'en ai poit vu qui écoutât, sans attendrissement, le récit que l'on m'oblige souvent de faire de la droiture de nos cœurs, de la candeur de nos sentimens & de la simplicité de nos mœurs ; s'ils vivoient parmi nous, ils deviendroient vertueux ; l'exemple & la coutume sont les tyrans de leur conduite.

Tel qui pense bien d'un absent, en médit pour n'être point méprisé de ceux qui l'écoutent ; tel autre seroit bon, humain, sans orgueil, s'il ne craignoit d'être ridicule ; & tel est ridicule par état, qui seroit un modèle de perfection, s'il osoit hautement avoir du mérite.

Enfin, mon cher Aza, chez la plupart d'entr'eux, les vices sont artificiels comme les vertus, & la frivolité de leur caractère ne leur permet d'être qu'imparfaitement ce qu'ils sont. Tels, à-peu-près, que certains jouets de leur enfance, imitation informe des êtres pensans, ils ont du poids aux yeux, de la légèreté au tact, la surface colorée, un intérieur informe, un prix apparent, aucune valeur réelle. Aussi ne sont-ils guère estimés par les autres nations que comme les jolies bagatelles le sont dans la société. Le bon-sens sourit à leurs gentillesses, & les remet froidement à leur place.

Heureuse la nation qui n'a que la nature pour guide, la vérité pour principe, & la vertu pour mobile !

LETTRE TRENTE-TROISIEME.

Suite des réflexions de Zilia sur le caractère des François, sur-tout à l'égard des femmes.

IL n'est pas surprenant, mon cher Aza, que l'inconséquence soit une suite du caractère léger des François; mais je ne puis assez m'étonner de ce qu'avec autant & plus de lumières qu'aucune autre nation, ils semblent ne pas appercevoir les contradictions choquantes que les Étrangers remarquent en eux dès la première vue.

Parmi le grand nombre de celles qui me frappent tous les jours, je n'en vois point de plus déshonorante pour leur esprit, que leur façon de penser sur les femmes. Ils les respectent, mon cher Aza, & en même tems il les méprisent avec un égal excès.

La première loi de leur politesse, ou si tu veux de leur vertu, (car jusqu'ici je ne leur en ai guère découvert d'autres), regarde les femmes. L'homme du plus haut rang doit des égards à celle de la plus vile condition ; il se couvriroit de honte, & de ce qu'on appelle ridicule, s'il lui faisoit quelque insulte personnelle ; & cependant l'homme le moins considérable, le moins estimé, peut tromper, trahir une femme de mérite, noircir sa réputation par des calomnies, sans craindre ni blâme ni punition.

Si je n'étois assurée que bientôt tu pourras en juger par toi-même, oserois-je te peindre des contrastes que la simplicité de nos esprits peut à peine concevoir ? Docile aux notions de la Nature, notre génie ne va pas au-delà. Nous avons trouvé que la force & le courage dans un sexe, indiquoit qu'il devoit être le soutien & le défenseur de l'autre ; nos Loix y sont conformes (*a*). Ici, loin de compatir à la foiblesse des femmes, celles du peuple, accablées de travail, n'en sont soulagées ni par les loix, ni par leurs maris ; celles d'un rang plus élevé, jouet de la séduction ou de la méchanceté des hommes, n'ont, pour se dédommager

(*a*) Les loix dispensoient les femmes de tout travail pénible.

de leurs perfidies, que les dehors d'un respect purement imaginaire, toujours suivi de la plus mordante satyre.

Je m'étois bien apperçue, en entrant dans le monde, que la censure habituelle de la nation tomboit principalement sur les femmes, & que les hommes, entre eux, ne se méprisoient qu'avec ménagement : j'en cherchois la cause dans leurs bonnes qualités, lorsqu'un accident me l'a fait découvrir parmi leurs défauts.

Dans toutes les maisons où nous sommes entrées depuis deux jours, on a raconté la mort d'un jeune homme tué par un de ses amis, & l'on approuvoit cette action barbare, par la seule raison que le mort avoit parlé au désavantage du vivant : cette extravagance me parut d'un caractère assez sérieux pour être approfondie. Je m'informai, & j'appris, mon cher Aza, qu'un homme est obligé d'exposer sa vie pour la ravir à un autre, s'il apprend que cet autre a tenu quelques discours contre lui ; ou à se bannir de la société, s'il refuse de prendre une vengeance si cruelle. Il n'en fallut pas davantage pour m'ouvrir les yeux sur ce que je cherchois. Il est clair que les hommes, naturellement lâches, ſans honte & ſans remords, ne craignent que les puñitions corporelles; & que, ſi les femmes étoient autoriſées à punir les outrages qu'on leur fait de la même manière dont ils ſont obligés de ſe venger de la plus légère inſulte, tel que l'on voit reçu & accueilli dans la ſociété, ne le ſeroit plus; ou, retiré dans un déſert, il y cacheroit ſa honte & ſa mauvaiſe foi. L'impudence & l'effronterie dominent entièrement les jeunes hommes, ſur-tout quand ils ne riſquent rien. Le motif de leur conduite avec les femmes, n'a pas beſoin d'autre éclairciſſement : mais je ne vois pas encore le fondement du mépris intérieur que je remarque pour elles, preſque dans tous les eſprits; je ferai mes efforts pour le découvrir; mon propre intérêt m'y engage. O mon cher Aza! quelle ſeroit ma douleur, ſi, à ton arrivée, on te parloit de moi comme j'entends parler des autres!

LETTRE TRENTE-QUATRIEME.

Zilia continue ses réflexions sur les mœurs de la Nation Françoise.

Il m'a fallu beaucoup de tems, mon cher Aza, pour approfondir la cause du mepris que l'on a presque généralement ici pour les femmes. Enfin je crois l'avoir découvert dans le peu de rapport qu'il y a entre ce qu'elles sont & ce qu'on s'imagine qu'elles devroient être. On voudroit, comme ailleurs, qu'elles eussent du mérite & de la vertu. Mais il faudroit que la Nature les fît ainsi ; car l'éducation qu'on leur donne est si opposée à la fin qu'on se propose, qu'elle me paroît être le chef-d'œuvre de l'inconséquence françoise.

On sçait au Pérou, mon cher Aza, que, pour préparer les humains à la pratique des vertus, il faut leur inspirer dès l'enfance un courage & une certaine fermeté d'ame qui leur forment un caractère décidé ; on l'ignore en France. Dans le premier âge, les enfans ne paroissent destinés qu'au divertissement des parens & de ceux qui les gouvernent. Il semble que l'on veuille tirer un honteux avantage de leur incapacité à découvrir la vérité. On les trompe sur ce qu'ils ne voient pas. On leur donne des idées fausses de ce qui se présente à leurs sens, & l'on rit inhumainement de leurs erreurs : on augmente leur sensibilité & leur foiblesse naturelle par une puérile compassion pour les petits accidens qui leur arrivent : on oublie qu'ils doivent être des hommes.

Je ne sçais quelles sont les suites de l'éducation qu'un pere donne à son fils : je ne m'en suis pas informée. Mais je sçais que, du moment que les filles commencent à être capables de recevoir des instructions, on les enferme dans une maison religieuse, pour leur apprendre à vivre dans le monde ; que l'on confie le soin d'éclairer leur esprit à des personnes auxquelles on feroit peut-être un crime d'en avoir, & qui sont incapables de leur former le cœur qu'elles ne connoissent pas.

Les principes de la Religion, si propres à servir de germe à toutes les vertus, ne ſont appris que ſuperficiellement, & par mémoire. Les devoirs, à l'égard de la Divinité, ne ſont pas inſpirés avec plus de méthode. Ils conſiſtent dans de petites cérémonies d'un culte extérieur, exigées avec tant de ſévérité, pratiquées avec tant d'ennui, que c'eſt le premier joug dont on ſe défait en entrant dans le monde; & ſi l'on en conſerve encore quelques uſages, à la maniere dont on s'en acquitte, on croiroit volontiers que ce n'eſt qu'une eſpèce de politeſſe que l'on rend par habitude à la Divinité.

D'ailleurs, rien ne remplace les premiers fondemens d'une éducation mal dirigée. On ne connoît preſque point en France le reſpect pour ſoi-même, dont on prend tant de ſoin de remplir le cœur de nos Vierges. Ce ſentiment généreux qui nous rend le juge le plus ſévère de nos actions & de nos penſées, qui devient un principe ſûr, quand il eſt bien ſenti, n'eſt ici d'aucune reſſource pour les femmes. Au peu de ſoin que l'on prend de leur ame, on ſeroit tenté de croire que les François ſont dans l'erreur de certains peuples barbares qui leur en refuſent une.

Régler les mouvemens du corps, arranger ceux du visage, composer l'extérieur, sont les points essentiels de l'éducation. C'est sur les attitudes plus ou moins gênantes de leurs filles que les parens se glorifient de les avoir bien élevées. Ils leur recommandent de se pénétrer de confusion pour une faute commise contre la bonne grace : ils ne leur disent pas que la contenance honnête n'est qu'une hypocrisie, si elle n'est l'effet de l'honnêteté de l'ame. On excite sans cesse en elles ce méprisable amour-propre, qui n'a d'effet que sur les agrémens extérieurs. On ne leur fait pas connoître celui qui forme le mérite, & qui n'est satisfait que par l'estime. On borne la seule idée qu'on leur donne de l'honneur, à n'avoir point d'amans, en leur présentant sans cesse la certitude de plaire pour récompense de la gêne & de la contrainte qu'on leur impose ; & le tems le plus précieux pour former l'esprit, est employé à acquérir des talens imparfaits, dont on fait peu d'usage dans la jeunesse, & qui deviennent des ridicules dans un âge plus avancé.

Mais ce n'est pas tout, mon chér Aza,

l'inconséquence des François n'a point de bornes. Avec de tels principes, ils attendent de leurs femmes la pratique des vertus qu'ils ne leur font pas connoître ; ils ne leur donnent pas même une idée juste des termes qui les désignent. Je tire tous les jours plus declaircissement qu'il ne m'en faut là-dessus, dans les entretiens que j'ai avec de jeunes personnes, dont l'ignorance ne me cause pas moins d'etonnement que tout ce que j'ai vu jusqu'ici.

Si je leur parle de sentimens, elles se défendent d'en avoir, parce qu'elles ne connoissent que celui de l'amour. Elles n'entendent, par le mot de bonté, que la compassion naturelle que l'on éprouve à la vue d'un être souffrant ; & j'ai même remarqué qu'elles en sont plus affectées pour des animaux que pour des humains ; mais cette bonté tendre, réfléchie, qui fait faire le bien avec noblesse & discernement, qui porte à l'indulgence & à l'humanité, leur est totalement inconnue. Elles croient avoir rempli toute l'étendue des devoirs de la discrétion, en ne révélant qu'à quelques amies les secrets frivoles qu'elles ont surpris, ou qu'on leur a confiés.

Mais elles n'ont aucune idée de cette discrétion circonspecte, délicate & nécessaire pour ne point être à charge, pour ne blesser personne, & pour maintenir la paix dans la société.

Si j'essaie de leur expliquer ce que j'entends par la modération, sans laquelle les vertus sont presque des vices; si je parle de l'honnêteté des mœurs & de l'équité à l'égard des inférieurs, si peu pratiquée en France, & de la fermeté à mépriser & à fuir les vicieux de qualité, je remarque à leur embarras qu'elles me soupçonnent de parler la Langue Péruvienne, & que la politesse les engage à feindre de m'entendre.

Elles ne sont pas mieux instruites sur la connoissance du monde, des hommes & de la société. Elles ignorent jusqu'à l'usage de leur langue naturelle; il est rare qu'elles la parlent correctement, & je ne m'apperçois pas, sans une extrême surprise, que je suis à présent plus sçavante qu'elles à cet égard.

C'est dans cette ignorance que l'on marie les filles, à peine sorties de l'enfance. Dès-lors il semble, au peu d'intérêt que les parens prennent à leur conduite, qu'elles ne leur appartiennent plus. Il seroit encore tems de réparer les défauts de la premiere éducation; on n'en prend pas la peine.

Une jeune femme libre dans son appartement, y reçoit sans contrainte les compagnies qui lui plaisent. Ses occupations sont ordinairement puériles, toujours inutiles, & peut-être au-dessous de l'oisiveté. On entretient son esprit tout au moins de frivolités malignes ou insipides, plus propres à la rendre méprisable que la stupidité même. Sans confiance en elle, son mari ne cherche point à la former au soin de ses affaires, de sa famille & de sa maison. Elle ne participe au tout de ce petit Univers, que par la représentation. C'est une figure d'ornement, pour amuser les curieux. Aussi, pour peu que l'humeur impérieuse se joigne au goût de la dissipation, elle donne dans tous les travers, passe rapidement de l'indépendance à la licence, & bientôt elle arrache le mépris & l'indignation des hommes, malgré leur penchant & leur intérêt à tolérer les vices de la Jeunesse en faveur de ses agrémens.

Quoique je te dise la vérité avec toute la sincérité de mon cœur, mon cher Aza, garde-toi bien de croire, qu'il n'y ait point ici de femmes de mérite. Il en est d'assez heureusement nées pour se donner à elles-mêmes ce que l'éducation leur refuse. L'attachement à leurs devoirs, la décence de leurs mœurs & les agrémens honnêtes de leur esprit attirent sur elles l'estime de tout le monde. Mais le nombre de celles-là est si borné, en comparaison de la multitude, qu'elles sont connues & révérées par leur propre nom. Ne crois pas non plus que le dérangement de la conduite des autres vienne de leur mauvais naturel. En général, il me semble que les femmes naissent ici, bien plus communément que chez nous, avec toutes les dispositions nécessaires pour égaler les hommes en mérite & en vertus. Mais comme s'ils en convenoient au fond de leur cœur, & que leur orgueil ne pût supporter cette égalité, ils contribuent en toute maniere à les rendre méprisables, soit en manquant de considération pour les leurs, soit en séduisant celles des autres.

Quand tu sçauras qu'ici l'autorité est

entièrement du côté des hommes, tu ne douteras pas, mon cher Aza, qu'ils ne ſoient reſponſables de tous les déſordres de la ſociété. Ceux qui, par une lâche indifférence, laiſſent ſuivre à leurs femmes le goût qui les perd, ſans être les plus coupables, ne ſont pas les moins dignes d'être mépriſés; mais on ne fait pas aſſez d'attention à ceux qui, par l'exemple d'une conduite vicieuſe & indécente, entraînent leurs femmes dans le dérèglement, ou par dépit ou par vengeance.

Et en effet, mon cher Aza, comment ne ſeroient-elles pas révoltées contre l'injuſtice des Loix qui tolèrent l'impunité des hommes, pouſſée au même excès que leur autorité. Un mari, ſans craindre aucune punition, peut avoir pour ſa femme les manières les plus rebutantes; il peut diſſiper en prodigalités, auſſi criminelles qu'exceſſives, non ſeulement ſon bien, celui de ſes enfans, mais même celui de la victime, qu'il fait gémir preſque dans l'indigence, par une avarice pour les dépenſes honnêtes, qui s'allie très-communément ici avec la prodigalité. Il eſt autoriſé à punir rigoureuſement l'apparence d'une légère infidélité, en se livrant sans honte à toutes celles que le libertinage lui suggère. Enfin, mon cher Aza, il semble qu'en France les liens du mariage ne soient réciproques qu'au moment de la célébration, & que dans la suite les femmes seules y doivent être assujetties.

Je pense & je sens que ce seroit les honorer beaucoup que de les croire capables de conserver de l'amour pour leur mari, malgré l'indifférence & les dégoûts, dont la plupart sont accablées. Mais qui peut résister au mépris ?

Le premier sentiment que la Nature a mis en nous, est le plaisir d'être ; & nous le sentons plus vivement, & par degrés, à mesure que nous nous appercevons du cas que l'on fait de nous.

Le bonheur machinal du premier âge est d'être aimé de ses parens, & accueilli des Etrangers. Celui du reste de la vie est de sentir l'importance de notre être, à proportion qu'il devient nécessaire au bonheur d'un autre. C'est toi, mon cher Aza, c'est ton amour extrême, c'est la franchise de nos cœurs, la sincérité de nos sentimens qui m'ont dévoilé les ſecrets de la Nature & ceux de l'amour. L'amitié, ce ſage & doux lien, devroit peut-être remplir tous nos vœux ; mais elle partage ſans crime & ſans ſcrupule ſon affection entre pluſieurs objets ; l'amour qui donne & qui exige une préférence excluſive, nous préſente une idée ſi haute, ſi ſatisfaiſante de notre être, qu'elle ſeule peut contenter l'avide ambition de primauté qui naît avec nous, qui ſe manifeſte dans tous les âges, dans tous les états ; & le goût naturel pour la propriété, acheve de déterminer notre penchant à l'amour.

Si la poſſeſſion d'un meuble, d'un bijou, d'une terre, eſt un des ſentimens les plus agréables que nous éprouvions, quel doit être celui qui nous aſſûre la poſſeſſion d'un cœur, d'une ame, d'un être libre, indépendant, & qui ſe donne volontairement en échange du plaiſir de poſſéder en nous les mêmes avantages ?

Sil eſt donc vrai, mon cher Aza, que le déſir dominant de nos cœurs ſoit celui d'être honoré en général & chéri de quelqu'un en particulier ; conçois-tu par quelle inconſéquence les François peuvent eſpérer qu'une jeune femme accablée de l'indifférence offenſante de ſon mari, ne cherche pas à ſe ſouſtraire à l'eſpèce d'anéantiſſement qu'on lui préſente ſous toutes ſortes de formes ? Imagines-tu qu'on puiſſe lui propoſer de ne tenir à rien dans l'âge où les prétentions vont toujours au-delà du mérite ? Pourrois-tu comprendre ſur quel fondement on exige d'elle la pratique des vertus, dont les hommes ſe diſpenſent, en leur refuſant les lumières & les principes néceſſaires pour les pratiquer. Mais ce qui ſe conçoit encore moins, c'eſt que les parens & les maris ſe plaignent réciproquement du mépris que l'on a pour leurs femmes & leurs filles, & qu'ils en perpétuent la cauſe de race en race avec l'ignorance, l'incapacité & la mauvaiſe éducation.

O mon cher Aza ! que les vices brillans d'une nation d'ailleurs ſéduiſante ne nous dégoûtent point de la naïve ſimplicité de nos mœurs ! N'oublions jamais, toi, l'obligation où tu es d'être mon exemple, mon guide, mon ſoutien dans le chemin de la vertu ; & moi, celle où je ſuis de conſerver ton eſtime & ton amour, en imitant mon modèle.

LETTRE TRENTE-CINQUIEME.

Déterville, avec une partie des richesses de Zilia, lui fait l'acquisition d'une terre, où, sans l'avoir prevenue, il lui donne une fete agréable.

Nos visites & nos fatigues, mon cher Aza, ne pouvoient se terminer plus agréablement. Quelle journée délicieuse j'ai passé hier! Combien les nouvelles obligations que j'ai à Déterville & à sa sœur me sont agréables! Mais combien elles me seront plus chères, quand je pourrai les partager avec toi!

Après deux jours de repos, nous partîmes hier matin de Paris, Céline, son frere, son mari & moi, pour aller, disoit-elle, rendre une visite à la meilleure de ses amies. Le voyage ne fut pas long, nous arrivâmes de très-bonne heure à une maison de campagne, dont la situation & les approches me parurent admirables; mais ce qui m'étonna en y entrant, fut d'en trouver toutes les portes ouvertes, & de n'y rencontrer personne.

Cette maison, trop belle pour être abandonnée, trop petite pour cacher le monde qui auroit dû l'habiter, me paroissoit un enchantement. Cette pensée me divertit; je demandai à Céline si nous étions chez une de ces Fées dont elle m'avoit fait lire les histoires, où la maitresse du logis étoit invisible, ainsi que les domestiques.

Vous la verrez, me répondit-elle; mais comme des affaires importantes l'appellent ailleurs pour toute la journée, elle m'a chargée de vous engager à faire les honneurs de chez elle pendant son absence. Mais avant toutes choses, ajouta-t-elle, il faut que vous signiez le consentement que vous donnez, sans doute, à cette proposition. Ah! volontiers, lui dis-je, en me prêtant à la plaisanterie.

Je n'eus pas plutôt prononcé ces paroles, que je vis entrer un homme vêtu de noir, qui tenoit une écritoire & du papier déjà écrit; il me le présenta, & j'y plaçai mon nom où l'on voulut.

Dans l'instant même, parut un autre homme d'assez bonne mine, qui nous invita, selon la coutume, de passer avec lui dans l'endroit où l'on mange. Nous y trouvâmes une table ſervie avec autant de propreté que de magnificence ; à peine étions-nous aſſis, qu'une muſique charmante ſe fit entendre dans la chambre voiſine ; rien ne manquoit de tout ce qui peut rendre un repas agréable. Déterville même ſembloit avoir oublié ſon chagrin, pour nous exciter à la joie : il me parloit en mille manières de ſes ſentimens pour moi, mais toujours d'un ton flatteur, ſans plainte ni reproche.

Le jour étoit ſerein ; d'un commun accord nous réſolûmes de nous promener en ſortant de table. Nous trouvâmes les jardins beaucoup plus étendus que la maiſon ne ſembloit le promettre. L'art & la ſymmétrie ne s'y faiſoient admirer que pour rendre plus touchans les charmes de la plus ſimple Nature.

Nous bornâmes notre courſe dans un bois qui termine ce beau jardin ; aſſis tous quatre ſur un gazon délicieux, nous vîmes venir à nous d'un côté une troupe de payſans vétus proprement à leur manière, précédés de quelques inſtrumens de muſique, & de l'autre, une troupe de jeunes filles vêtues de blanc, la tête ornée de fleurs champêtres, qui chantoient d'une façon rustique, mais mélodieuse, des chansons, où j'entendis avec surprise que mon nom étoit souvent répété.

Mon étonnement fut bien plus fort, lorsque les deux troupes nous ayant joints, je vis l'homme le plus apparent quitter la sienne, mettre un genou en terre, & me présenter dans un grand bassin plusieurs clefs, avec un compliment, que mon trouble m'empêcha de bien entendre; je compris seulement, qu'étant le chef des Villageois de la contrée, il venoit me rendre hommage en qualité de leur Souveraine, & me présenter les clefs dont j'étois aussi la maitresse.

Dès qu'il eut fini sa harangue, il se leva pour faire place à la plus jolie d'entre les jeunes filles. Elle vint me présenter une gerbe de fleurs, ornée de rubans, qu'elle accompagna aussi d'un petit discours à ma louange, dont elle s'acquitta de bonne grace.

J'étois trop confuse, mon cher Aza, pour répondre à des éloges que je méritois si peu. D'ailleurs, tout ce qui se pasſoit, avoit un ton ſi approchant de celui de la vérité, que dans bien des momens je ne pouvois me défendre de croire ce que néanmoins je trouvois incroyable. Cette penſée en produiſit une infinité d'autres : mon eſprit étoit tellement occupé, qu'il me fut impoſſible de proférer une parole. Si ma confuſion étoit divertiſſante pour la compagnie, elle étoit ſi embarraſſante pour moi, que Déterville en fut touché ; il fit un ſigne à ſa ſœur : elle ſe leva, après avoir donné quelques pièces d'or aux payſans & aux jeunes filles, en leur diſant, que c'étoient les prémices de mes bontés pour eux : elle me propoſa de faire un tour de promenade dans le bois ; je la ſuivis avec plaiſir, comptant bien lui faire des reproches de l'embarras où elle m'avoit miſe ; mais je n'en eus pas le tems. A peine avions-nous fait quelques pas, qu'elle s'arrêta, & me regardant avec une mine riante : avouez, Zilia, me dit-elle, que vous êtes bien fâchée contre nous, & que vous le ſerez bien davantage, ſi je vous dis, qu'il eſt très-vrai que cette terre & cette maiſon vous appartiennent.

A moi, m'écriai-je ! ah ! Céline ! eſt-ce

est-ce là ce que vous m'aviez promis? Vous poussez trop loin l'outrage ou la plaisanterie. Attendez, me dit-elle plus sérieusement : si mon frere avoit disposé de quelque partie de vos trésors pour en faire l'acquisition, & qu'au lieu des ennuyeuses formalités dont il s'est chargé, il ne vous eût réservé que la surprise, nous hairiez-vous bien fort? Ne pourriez-vous nous pardonner de vous avoir procuré, à tout évènement, une demeure telle que vous avez paru l'aimer, & de vous avoir assurée une vie independante? Vous avez signé ce matin l'acte authentique qui vous met en possession de l'une & de l'autre. Grondez-nous à présent tant qu'il vous plaira, ajouta-t-elle en riant, si rien de tout cela ne vous est agréable.

Ah! mon aimable amie! m'écriai-je, en me jettant dans ses bras, je sens trop vivement des soins si généreux pour vous exprimer ma reconnoissance. Il ne me fut possible de prononcer que ce peu de mots; j'avois senti d'abord l'importance d'un tel service. Touchée, attendrie, transportée de joie en pensant au plaisir que j'aurois à te consacrer cette charmante demeure ; la multitude de mes ſentimens en étouffoit l'expreſſion. Je faiſois à Céline des careſſes qu'elle me rendoit avec la même tendreſſe ; & après m'avoir donné le tems de me remettre, nous allâmes retrouver ſon frere & ſon mari.

Un nouveau trouble me ſaiſit en abordant Déterville, & jetta un nouvel embarras dans mes expreſſions ; je lui tendis la main, il la baiſa ſans proférer une parole, & ſe détourna pour cacher des larmes qu'il ne put retenir, & que je pris pour des ſignes de la ſatisfaction qu'il avoit de me voir ſi contente ; j'en fus attendrie juſqu'à en verſer auſſi quelques-unes. Le mari de Céline, moins intéreſſé que nous à ce qui ſe paſſoit, remit bientôt la converſation ſur le ton de plaiſanterie ; il me fit des complimens ſur ma nouvelle dignité, & nous engagea à retourner à la maiſon pour en examiner, diſoit-il, les défauts, & faire voir à Déterville que ſon goût n'étoit pas auſſi ſûr qu'il s'en flattoit.

Te l'avouerai-je, mon cher Aza ? Tout ce qui s'offrit à mon paſſage me parut reprendre une nouvelle forme ; les fleurs me sembloient plus belles, les arbres plus verds, la symmétrie des jardins mieux ordonnée. Je trouvai la maison plus riante, les meubles plus riches, les moindres bagatelles m'étoient devenues intéressantes.

Je parcourus les appartemens dans une ivresse de joie qui ne me permettoit pas de rien examiner ; le seul endroit où je m'arrêtai, fut dans une assez grande chambre entourée d'un grillage d'or, légérement travaillé, qui renfermoit une infinité de Livres de toutes couleurs, de toutes formes, & d'une propreté admirable ; j'étois dans un tel enchantement, que je croyois ne pouvoir les quitter sans les avoir tous lus. Céline m'en arracha, en me faisant souvenir d'une clef d'or que Déterville m'avoit remise. Je m'en servis pour ouvrir précipitamment une porte que l'on me montra ; & je restai immobile à la vue des magnificences qu'elle renfermoit.

C'étoit un cabinet tout brillant de glaces & de peintures : les lambris à fond verd, ornés de figures extrêmement bien dessinés, imitoient une partie des jeux & des cérémonies de la ville du

Soleil, telles à-peu-près que je les avois dépeintes à Déterville.

On y voyoit nos Vierges représentées en mille endroits avec le même habillement que je portois en arrivant en France; on disoit même qu'elles me ressembloient.

Les ornemens du Temple que j'avois laissés dans la maison religieuse, soutenus par des pyramides dorées, ornoient tous les coins de ce magnifique cabinet. La figure du Soleil, suspendue au milieu d'un plafond peint des plus belles couleurs du ciel, achevoit, par son éclat, d'embellir cette charmante solitude; & des meubles commodes assortis aux peintures, la rendoient délicieuse.

Déterville, profitant du silence où me retenoient ma surprise, ma joie & mon admiration, me dit, en s'approchant de moi: vous pourrez vous appercevoir, belle Zilia, que la Chaise d'or ne se trouve point dans ce nouveau Temple du Soleil; un pouvoir magique l'a transformée en maison, en jardin, en terres. Si je n'ai pas employé ma propre science à cette métamorphose, ce n'a pas été sans regret; mais il a fallu respecter votre déſicateſſe. Voici, me dit-il, en ouvrant une petite armoire, pratiquée adroitement dans le mur, voici les débris de l'opération magique. En même tems il me fit voir une caſſette remplie de pièces d'or à l'uſage de France. Ceci, vous le ſçavez, continua-t-il, n'eſt pas ce qui eſt le moins néçeſſaire parmi nous ; j'ai cru devoir vous en conſerver une petite proviſion.

Je commençois à lui témoigner ma vive reconnoiſſance, & l'admiration que me cauſoient des ſoins ſi prévenans, quand Céline m'interrompit & m'entraîna dans une chambre à côté du merveilleux cabinet. Je veux auſſi, me ditelle, vous faire voir la puiſſance de mon art. On ouvrit de grandes armoires remplies d'étoffes admirables, de linge, d'ajuſtemens, enfin de tout ce qui eſt à l'uſage des femmes, avec une telle abondance, que je ne pus m'empêcher d'en rire, & de demander à Céline, combien d'années elle vouloit que je vécuſſe pour employer tant de belles choſes. Autant que nous en vivrons mon frere & moi, me répondit-elle : & moi, repris-je, je déſire que vous viviez l'un & l'autre autant que je vous aimerai, & vous ne mourrez pas les premiers.

En achevant ces mots, nous retournâmes dans le Temple du Soleil : c'eſt ainſi qu'ils nommerent le merveilleux Cabinet. J'eus enfin la liberté de parler ; j'exprimai, comme je le ſentois, les ſentimens dont j'étois pénétrée. Quelle bonté ! que de vertus dans les procédés du frere & de la ſœur !

Nous paſſâmes le reſte du jour dans les délices de la confiance & de l'amitié ; je leur fis les honneurs du ſouper encore plus gaiement que je n'avois fait ceux du dîner. J'ordonnois librement à des domeſtiques que je ſçavois être à moi ; je badinois ſur mon autorité & mon opulence ; je fis tout ce qui dépendoit de moi pour rendre agréables à mes bienfaiteurs leurs propres bienfaits.

Je crus cependant m'appercevoir qu'à meſure que le tems s'écouloit, Déterville retomboit dans ſa mélancolie, & même qu'il échappoit de tems en tems des larmes à Céline ; mais l'un & l'autre reprenoient ſi promptement un air ſerein, que je crus m'être trompée.

Je fis mes efforts pour les engager à

jouir quelques jours avec moi du bonheur qu'ils me procuroient : je ne pus l'obtenir. Nous sommes revenus cette nuit, en nous promettant de retourner incessamment dans mon Palais enchanté.

O mon cher Aza ! quelle sera ma félicité, quand je pourrai l'habiter avec toi !

LETTRE TRENTE-SIXIEME.

Transport de Zilia à la nouvelle de la prochaine arrivée d'Aza.

LA tristesse de Déterville & de sa sœur, mon cher Aza, n'a fait qu'augmenter depuis notre retour de mon Palais enchanté ; ils me sont trop chers l'un & l'autre pour ne m'être pas empressée à leur en demander le motif ; mais voyant qu'ils s'obstinoient à me le taire, je n'ai plus douté que quelque nouveau malheur n'ait traversé ton voyage, & bientôt mon inquiétude a surpassé leur chagrin. Je n'en ai pas dissimulé la cause, & mes amis ne l'ont pas laissé durer long-tems.

Déterville m'a avoué qu'il avoit résolu de me cacher le jour de ton arrivée, afin de me surprendre ; mais que mon inquiétude lui faisoit abandonner son dessein. En effet, il m'a montré une Lettre du guide qu'il t'a fait donner ; & par le calcul du tems & du lieu où elle a été écrite, il m'a fait comprendre que tu peux être ici aujourd'hui, demain, dans ce moment même ; enfin qu'il n'y a plus de tems à mesurer jusqu'à celui qui comblera tous mes vœux.

Cette premiere confidence faite, Déterville n'a plus hésité de me dire tout le reste de ses arrangemens. Il m'a fait voir l'appartement qu'il te destine : tu logeras ici, jusqu'à ce qu'unis ensemble, la décence nous permette d'habiter mon délicieux Château. Je ne te perdrai plus de vûe, rien ne nous séparera ; Déterville a pourvu à tout, & m'a convaincue plus que jamais de l'excès de sa générosité.

Après cet éclaircissement, je ne cherche plus d'autre cause à la tristesse qui le dévore, que ta prochaine arrivée. Je le plains ; je compatis à sa douleur ; je lui souhaite un bonheur qui ne dépende point de mes sentimens, & qui soit une digne récompense de sa vertu.

Je dissimule même une partie des transports de ma joie, pour ne pas irriter sa peine : c'est tout ce que je puis faire ; mais je suis trop occupée de mon bonheur pour le renfermer entièrement : ainsi, quoique je te croye fort près de moi, que je tressaille au moindre bruit, que j'interrompe ma Lettre presque à chaque mot pour courir à la fenêtre, je ne laisse pas de continuer à t'écrire ; il faut ce soulagement au transport de mon cœur. Tu es plus près de moi, il est vrai ; mais ton absence en est-elle moins réelle que si les mers nous séparoient encore. Je ne te vois point, tu ne peux m'entendre ; pourquoi cesserois-je de m'entretenir avec toi de la seule façon dont je puis le faire ? Encore un moment, & je te verrai ; mais ce moment n'existe point. Eh ! puis-je mieux employer ce qui me reste de ton absence, qu'en te peignant la vivacité de ma tendresse ? Hélas ! tu l'as vu toujours gémissante. Que ce tems est loin de moi ! Avec quel transport il sera effacé de mon souvenir ! Aza, cher Aza ! que ce nom est doux ! Bientôt je ne t'appèllerai plus en vain ; tu m'entendras, tu voleras à ma voix : les plus tendres expressions de mon cœur seront la récompense de ton empressement....

LETTRE TRENTE-SEPTIEME.

AU CHEVALIER DÉTERVILLE.

A Malthe.

Arrivée d'Aza. Reproches de Zilia à Déterville, qui s'est retiré à Malthe. Ses soupçons fondes sur le froid de l'abord de son Amant.

Avez-vous pu, Monsieur, prévoir, sans remords, le chagrin mortel que vous deviez joindre au bonheur que vous me prépariez? Comment avez-vous eu la cruauté de faire précéder votre départ par des circonstances si agréables, par des motifs de reconnoissance si pressans, à moins que ce ne fût pour me rendre plus sensible à votre désespoir & à votre absence? Comblée, il y a deux jours, des douceurs de l'amitié, j'en éprouve aujourd'hui les peines les plus ameres.

Céline, toute affligée qu'elle est, n'a

que trop bien exécuté vos ordres. Elle m'a présenté Aza d'une main, & de l'autre votre cruelle Lettre. Au comble de mes vœux, la douleur s'est fait sentir dans mon ame; en retrouvant l'objet de ma tendresse, je n'ai point oublié que je perdois celui de tous mes autres sentimens. Ah! Déterville! que pour cette fois votre bonté est inhumaine! Mais n'espérez pas exécuter jusqu'à la fin vos injustes résolutions. Non, la mer ne vous séparera pas à jamais de tout ce qui vous est cher; vous entendrez prononcer mon nom, vous recevrez mes Lettres, vous écouterez mes prieres; le sang & l'amitié reprendront leurs droits sur votre cœur; vous vous rendrez à une famille à laquelle je suis responsable de votre perte.

Quoi! pour récompense de tant de bienfaits, j'empoisonnerois vos cœurs & ceux de votre sœur! je romprois une si douce union! je porterois le desespoir dans vos cœurs, même en jouissant encore des effets de vos bontés! Non, ne le croyez pas: je ne me vois qu'avec horreur dans une maison que je remplis de deuil; je reconnois vos soins, au bon traitement que je reçois de Céline, au moment même où je lui pardonnerois de me hair ; mais quels qu'ils soient, j'y renonce, & je m'éloigne pour jamais des lieux que je ne puis souffrir, si vous n'y revenez. Mais que vous êtes aveugle, Déterville ! Quelle erreur vous entraîne dans un dessein si contraire à vos vues ? Vous vouliez me rendre heureuse, vous ne me rendez que coupable ; vous vouliez sécher mes larmes, vous les faites couler, & vous perdez par votre éloignement le fruit de votre sacrifice.

Hélas ! peut-être n'auriez-vous trouvé que trop de douceur dans cette entrevue, que vous avez cru si redoutable pour vous? Cet Aza, l'objet de tant d'amour, n'est plus le même Aza que je vous ai peint avec des couleurs si tendres. Le froid de son abord, l'éloge des Espagnols, dont cent fois il a interrompu les doux épanchemens de mon ame, l'indifférence offensante avec laquelle il se propose de ne faire en France qu'un séjour de peu de durée, la curiosité qui l'entraîne loin de moi à ce moment même, tout me fait craindre des maux dont mon cœur frémit. Ah ! Déterville ! peut-être ne serez-vous pas long-tems le plus malheureux.

Si la pitié de vous-même ne peut rien sur vous, que les devoirs de l'amitié vous ramènent; elle est le seul asyle de l'amour infortuné. Si les maux que je redoute alloient m'accabler, quels reproches n'auriez-vous pas à vous faire? Si vous m'abandonnez, où trouverai-je des cœurs sensibles à mes peines. La générosité, jusqu'ici la plus forte de vos passions, céderoit-elle enfin à l'amour mécontent? Non, je ne puis le croire; cette foiblesse seroit indigne de vous; vous êtes incapable de vous y livrer; mais venez m'en convaincre, si vous aimez votre gloire & mon repos.

LETTRE TRENTE-HUITIEME.

Au Chevalier Déterville.

A Malthe.

Aza infidèle. Comment & par quel motif Désespoir de Zilia.

Si vous n'étiez la plus noble des créatures, Monsieur, je serois la plus humiliée ; si vous n'aviez l'ame la plus humaine, le cœur le plus compatissant, seroit-ce à vous que je ferois l'aveu de ma honte & de mon désespoir ! Mais hélas ! que me reste-t-il à craindre ? Qu'ai-je à ménager ? Tout est perdu pour moi.

Ce n'est plus la perte de ma liberté, de mon rang, de ma patrie, que je regrette ; ce ne sont plus les inquiétudes d'une tendresse innocente qui m'arrachent des pleurs : c'est la bonne foi violée, c'est l'amour méprisé qui déchire mon ame. Aza est infidèle.

Aza infidèle ! Que ces funestes mots

ont de pouvoir ſur mon ame...... mon ſang ſe glace...... un torrent de larmes.....

J'appris des Eſpagnols à connoître les malheurs; mais le dernier de leurs coups eſt le plus ſenſible : ce ſont eux qui m'enlevent le cœur d'Aza; c'eſt leur cruelle Religion qui autoriſe le crime qu'il commet; elle approuve, elle ordonne l'infidélité, la perfidie, l'ingratitude; mais elle défend l'amour de ſes proches. Si j'étois étrangère, inconnue, Aza pourroit m'aimer : unis par les liens du ſang, il doit m'abandonner, m'ôter la vie ſans honte, ſans regret, ſans remords.

Hélas! toute biſarre qu'eſt cette religion, s'il n'avoit fallu que l'embraſſer pour retrouver le bien qu'elle m'arrache, j'aurois ſoumis mon eſprit à ſes illuſions. Dans l'amertume de mon ame, j'ai demandé d'être inſtruite; mes pleurs n'ont point été écoutées. Je ne puis être admiſe dans une ſociété ſi pure, ſans abandonner le motif qui me détermine, ſans renoncer à ma tendreſſe, c'eſt-à-dire, ſans changer mon exiſtence.

Je l'avoue, cette extrême ſévérité me frappe autant qu'elle me révolte; je ne puis refuser une sorte de vénération à des loix qui dans toute autre chose me paroissent si pures & si sages ; mais est-il en mon pouvoir de les adopter ? Et quand je les adopterois, quel avantage m'en reviendroit-il ? Aza ne m'aime plus ; ah ! malheureuse ! . . . .

Le cruel Aza n'a conservé de la candeur de nos mœurs, que le respect pour la vérité, dont il fait un si funeste usage. Séduit par les charmes d'une jeune Espagnole ; prêt à s'unir à elle, il n'a consenti à venir en France que pour se dégager de la foi qu'il m'avoit jurée ; que pour ne me laisser aucun doute sur ses sentimens ; que pour me rendre une liberté que je déteste ; que pour m'ôter la vie.

Oui, c'est en vain qu'il me rend à moi-même ; mon cœur est à lui, il y sera jusqu'à la mort.

Ma vie lui appartient : qu'il me la ravisse & qu'il m'aime.

Vous sçaviez mon malheur ; pourquoi ne me l'avez-vous éclairci qu'à demi ? Pourquoi ne me laissâtes-vous entrevoir que des soupçons qui me rendirent injuste à votre égard ? Et pourquoi vous en fais-je un crime ? Je ne vous aurois pas cru ; aveuglée, prévenue, j'aurois été moi-même au-devant de ma funeste destinée, j'aurois conduit sa victime à ma Rivale, je serois à présent.... O Dieux! sauvez-moi cette horrible image....

Déterville, trop généreux ami ! suis-je digne d'être écoutée ? Oubliez mon injustice; plaignez une malheureuse dont l'estime pour vous est encore au-dessus de sa foiblesse pour un ingrat.

LETTRE TRENTE-NEUVIEME.

AU CHEVALIER DÉTERVILLE.

A Malthe.

Aza quitte Zilia pour retourner en Espagne & s'y marier.

PUISQUE vous vous plaignez de moi, Monsieur, vous ignorez l'état dont les cruels soins de Céline viennent de me tirer. Comment vous aurois-je écrit ? Je ne pensois plus. S'il m'étoit resté quelque sentiment, sans doute la confiance en vous en eût été un ; mais environnée des ombres de la mort, le ſang glacé dans les veines, j'ai long-tems ignoré ma propre exiſtence ; j'avois oublie juſqu'à mon malheur. Ah ! Dieux ! pourquoi, en me rappellant à la vie, m'a-t-on rappellée à ce triſte ſouvenir.

Il eſt parti ! je ne le verrai plus ! il me fuit, il ne m'aime plus, il me l'a dit : tout eſt fini pour moi. Il prend une autre épouſe, il m'abandonne, l'honneur l'y condamne. Eh ! bien, cruel Aza, puiſque le fantaſtique honneur de l'Europe a des charmes pour toi, que n'imitois-tu auſſi l'art qui l'accompagne.

Heureuſes Françoiſes, on vous trahit ; mais vous jouiſſez long-tems d'une erreur qui ſeroit à préſent tout mon bien. La diſſimulation vous prépare au coup mortel qui me tue. Funeſte ſincérité de ma nation, vous pouvez donc ceſſer d'être une vertu ? Courage, fermeté, vous êtes donc des crimes, quand l'occaſion le veut ?

Tu m'as vu à tes pieds, barbare Aza ; tu les as vus baignés de mes larmes, & ta fuite..... Moment horrible ! pourquoi ton ſouvenir ne m'arrache-t-il pas la vie.

Si mon corps n'eût ſuccombé ſous l'effort de la douleur , Aza ne triompheroit pas de ma foibleſſe. . . . Tu ne ne ſerois pas parti ſeul. Je te ſuivrois, ingrat; je te verrois ; je mourrois du moins à tes yeux.

Déterville, quelle foibleſſe fatale vous a éloigné de moi ? Vous m'euſſiez ſecourue ; ce que n'a pu faire le déſordre de mon déſeſpoir, votre raiſon, capable de perſuader, l'auroit obtenu ; peut-être Aza ſeroit encore ici. Mais, déjà arrivé en Eſpagne, au comble de ſes vœux. . . . Regrets inutiles, déſeſpoir infructueux. . . . ! Douleur accable-moi.

Ne cherchez point, Monſieur, à ſurmonter les obſtacles qui vous retiennent à Malthe, pour revenir ici. Qu'y feriez-vous ? Fuyez une malheureuſe, qui ne ſent plus les bontés que l'on a pour elle, qui s'en fait un ſupplice, qui ne veut que mourir.

LETTRE QUARANTIEME.

Zilia cherche dans la retraite la consolation à ses douleurs.

RASSUREZ-VOUS, trop généreux ami, je n'ai pas voulu vous écrire, que mes jours ne fussent en sûreté, & que moins agitée, je ne pusse calmer vos inquiétudes. Je vis; le destin le veut, je me soumets à ses loix.

Les soins de votre aimable sœur m'ont rendu la santé, quelques retours de raison l'ont soutenue. La certitude que mon malheur est sans remede, a fait le reste. Je sçais qu'Aza est arrivé en Espagne, que son crime est consommé. Ma douleur n'est pas éteinte; mais la cause n'est plus digne de mes regrets : s'il en reste dans mon cœur, ils ne sont dûs qu'aux peines que je vous ai causées, qu'à mes erreurs, qu'à l'égarement de ma raison.

Hélas! à mesure qu'elle m'éclaire, je découvre son impuissance : que peut-elle sur une ame désolée? L'excès de la douleur nous rend la foiblesse de notre premier âge. Ainsi que dans l'enfance, les objets seuls ont du pouvoir sur nous; il semble que la vue soit le seul de nos sens qui ait une communication intime avec notre ame. J'en ai fait une cruelle expérience.

En sortant de la longue & accablante léthargie où me plongea le départ d'Aza, le premier désir que m'inspira la nature fut de me retirer dans la solitude que je dois à votre prévoyante bonté : ce ne fut pas sans peine que j'obtins de Céline la permission de m'y faire conduire. J'y trouve des secours contre le désespoir, que le monde & l'amitié même ne m'auroient jamais fournis. Dans la maison de votre sœur, ses discours consolans ne pouvoient prévaloir sur les objets qui me retraçoient sans cesse la perfidie d'Aza.

La porte par laquelle Céline l'amena dans ma chambre le jour de votre départ & de son arrivée; le siége sur lequel il s'assit, la place où il m'annonça mon malheur, où il me rendit mes Lettres, usqu'à son ombre effacée d'un lambris où e l'avois vu se former, tout faisoit chaque jour de nouvelles plaies à mon cœur.

Ici je ne vois rien qui ne me rappelle les idées agréables que j'y reçus à la premiere vue ; je n'y retrouve que l'image de votre amitié & de celle de votre aimable sœur.

Si le souvenir d'Aza se présente à mon esprit, c'est sous le même aspect où je le voyois alors. Je crois y attendre son arrivée. Je me prête à cette illusion autant qu'elle m'est agréable ; si elle me quitte, je prends des Livres, je lis d'abord avec effort, insensiblement de nouvelles idées enveloppent l'affreuse vérité renfermée au fond de mon cœur, & donnent à la fin quelque relâche à ma tristesse.

L'avouerai-je ? les douceurs de la liberté se présentent quelquefois à mon imagination ; je les écoute : environnée d'objets agréables, leur propriété a des charmes que je m'efforce de goûter : de bonne-foi avec moi-même, je compte peu sur ma raison. Je me prête à mes foiblesses, je ne combats celles de mon cœur, qu'en cédant à celles de mon esprit. Les maladies de l'ame ne souffrent pas les remédes violens.

Peut-être la fastueuse décence de votre nation ne permet-elle pas à mon âge l'indépendance & la ſolitude où je vis ; du moins toutes les fois que Céline me vient voir, veut-elle me le perſuader ; mais elle ne m'a pas encore donné d'aſſez fortes raiſons pour m'en convaincre : la véritable décence eſt dans mon cœur. Ce n'eſt point au ſimulacre de la vertu que je rends hommage, c'eſt à la vertu même. Je la prendrai toujours pour juge & pour guide de mes actions. Je lui conſacre ma vie, & mon cœur à l'amitié. Hélas ! quand y régnera-t-elle ſans partage & ſans retour ?

LETTRE QUARANTE-UNIEME & derniere.

AU CHEVALIER DETERVILLE,

A Paris.

Zilia témoigne à Déterville la constante résolution où elle est de n'avoir jamais pour lui d'autres sentimens que ceux de l'amitié.

JE reçois presque en même tems, Monsieur, la nouvelle de votre départ de Malthe, & celle de votre arrivée à Paris. Quelque plaisir que je me fasse de vous revoir, il ne peut surmonter le chagrin que me cause le billet que vous m'écrivez en arrivant.

Quoi, Déterville! après avoir pris sur vous de dissimuler vos sentimens dans toutes vos Lettres, après m'avoir donné lieu d'espérer que je n'aurois plus à combattre une passion qui m'afflige, vous vous livrez plus que jamais à sa violence.

A

A quoi bon affecter une déférence pour moi que vous démentez au même instant ? Vous me demandez la permission de me voir, vous m'assurez d'une soumission aveugle à mes volontés, & vous vous efforcez de me convaincre des sentimens qui y sont le plus opposés, qui m'offensent ; enfin que je n'approuverai jamais.

Mais puisqu'un faux espoir vous séduit, puisque vous abusez de ma confiance & de l'état de mon ame, il faut donc vous dire quelles sont mes résolutions, plus inébranlables que les vôtres.

C'est en vain que vous vous flatteriez de faire prendre à mon cœur de nouvelles chaînes. Ma bonne-foi trahie ne dégage pas mes sermens ; plût au ciel qu'elle me fît oublier l'ingrat ! Mais quand je l'oublierois, fidelle à moi-même, je ne serai point parjure. Le cruel Aza abandonne un bien qui lui fut cher ; ses droits sur moi n'en sont pas moins sacrés : je puis guérir de ma passion, mais je n'en aurai jamais que pour lui : tout ce que l'amitié inspire de sentimens est à vous ; vous ne les partagerez avec personne ; je vous les dois ; je vous les promets ; j'y serai fidelle : vous jouirez, au même degré, de ma confiance & de ma ſincérité ; l'une & l'autre ſeront ſans bornes. Tout ce que l'amour a développé dans mon cœur de ſentimens vifs & délicats, tournera au profit de l'amitié. Je vous laiſſerai voir, avec une égale franchiſe, le regret de n'être point née en France, & le penchant invincible pour Aza ; le deſir que j'aurois de vous devoir l'avantage de penſer, & mon éternelle reconnoiſſance pour celui qui me l'a procuré. Nous lirons dans nos ames : la confiance ſçait, auſſi-bien que l'amour, donner de la rapidité au tems. Il eſt mille moyens de rendre l'amitié intéreſſante, & d'en chaſſer l'ennui.

Vous me donnerez quelque connoiſſance de vos ſciences & de vos arts ; vous goûterez le plaiſir de la ſupériorité ; je la reprendrai en développant dans votre cœur des vertus que vous n'y connoiſſez pas. Vous ornerez mon eſprit de ce qui peut le rendre amuſant, vous jouirez de votre ouvrage ; je tâcherai de vous rendre agréables les charmes naïfs de la ſimple amitié, & je me trouverai heureuſe d'y réuſſir.

Céline, en nous partageant ſa tendresse, répandra dans nos entretiens la gaieté qui pourroit y manquer : que nous restera-t-il à désirer ?

Vous craignez en vain que la solitude n'altere ma santé. Croyez-moi, Déterville, elle ne devient jamais dangereuse que par l'oisiveté. Toujours occupée, je sçaurai me faire des plaisirs nouveaux de tout ce que l'habitude rend insipide.

Sans approfondir les secrets de la Nature, le simple examen de ses merveilles n'est-il pas suffisant pour varier & renouveller sans cesse des occupations toujours agréables ? La vie suffit-elle pour acquérir une connoissance légère, mais intéressante de l'univers, de ce qui m'environne, de ma propre existence ?

Le plaisir d'être, ce plaisir oublié, ignoré même de tant d'aveugles humains ; cette pensée si douce, ce bonheur si pur, *je suis, je vis, j'existe*, pourroit seul rendre heureux, si l'on s'en souvenoit, si l'on en jouissoit, si l'on en connoissoit le prix.

Venez, Déterville, venez apprendre de moi à économiser les ressources de notre ame, & les bienfaits de la Nature. Renoncez aux sentimens tumultueux, destructeurs imperceptibles de notre être ; venez apprendre à connoître les plaisirs innocens & durables ; venez en jouir avec moi : vous trouverez dans mon cœur, dans mon amitié, dans mes sentimens tout ce qui peut vous dédommager de l'amour.

Fin des Lettres d'une Péruvienne.

LETTRES
D'AZA,
OU
D'UN PÉRUVIEN;

Pour ſervir de ſuite à celles

D'UNE PÉRUVIENNE.

AVERTISSEMENT.

La lecture des Lettres d'une Péruvienne m'a fait souvenir que j'avois vu en Espagne, il y a quelques années, un Recueil de Lettres d'un Péruvien, dont l'Histoire m'a paru depuis avoir beaucoup de rapport avec celle de Zilia. J'ai obtenu ce Manuscrit. J'ai reconnu que c'étoient les Lettres mêmes d'Aza, traduites en Espagnol. C'est sans doute à Kanhuiscap, *ami d'Aza, à qui la plupart de ces Lettres sont adressées, que l'on doit cette traduction du Péruvien.*

L'intérêt qu'Aza a excité en moi dans ces Lettres, m'en a fait entreprendre la traduction. J'ai vu, avec joie, s'effacer de mon esprit les idées odieuses que Zilia m'avoit données d'un Prince plus malheureux qu'inconstant. Je crois qu'on goûtera le même plaisir. On en ressent toujours à voir justifier la vertu.

Bien des gens feront, peut-être, un

L iv

crime à Aza d'avoir peint, sous le nom de Mœurs Espagnoles, des defauts, des vices même particuliers à la Nation Françoise. Quelque sensé que paroisse ce reproche, il sera bientôt détruit, lorsqu'on fera attention, avec M. de Fontenelle, qu'un Anglois & un François sont Compatriotes à Pékin. Je n'ose me flatter d'avoir rendu la noblesse des images, la force & l'expression des pensées, que j'ai trouvées dans l'Original Espagnol : je m'en prends à notre Langue & au sort ordinaire des traductions. Le Lecteur s'en prendra peut-être à moi ; nous pourrons avoir raison tous deux.

LETTRES D'AZA.

LETTRE PREMIERE.

A ZILIA.

Aza informe Zilia de l'espérance où il est de la revoir bientôt, & des efforts qu'il a opposés à la violence des Espagnols.

QUE tes larmes se dissipent comme la rosée à la vue du Soleil ; que tes chaînes, changées en fleurs, tombent à tes pieds, & te peignent, par l'éclat de leurs couleurs, la vivacité de mon amour, plus ardent que l'Astre divin qui l'a fait naître. Zilia, que tes craintes cessent ; Aza refpire encore. C'eſt t'aſſurer qu'il t'aime toujours.

Nos tourmens vont finir : un moment fortuné va nous unir à jamais. O divine félicité ! qui peut vous retarder encore ?

Les prédictions de *Viracocha* (a) ne ſont point accomplies. Je ſuis encore ſur le Trône auguſte de *Manco-Capa* ; & Zilia n'eſt point à mes côtés ! Je regne, & tu portes des fers !

Raſſure-toi, tendre objet de mon ardeur : le Soleil n'a que trop éprouvé notre amour, il va le couronner. Ces nœuds, foibles interprètes de nos ſentimens, ces nœuds, dont je bénis l'uſage, & dont j'envie le ſort, te verront libre. Du fond de ton affreuſe priſon, tu voleras dans mes bras. Semblable à la colombe, qui, échappée aux ſerres du vautour, vient jouir de ſon bonheur auprès de ſa fidelle compagne, je te verrai dépoſer dans mon cœur, encore ému de crainte, tes douleurs paſſées, ta tendreſſe & mon bonheur. Quelle joie, quels tranſports,

---

(*a*) Inca qui avoit prédit la deſtruction de l'Empire par les Eſpagnols.

de pouvoir effacer tes malheurs ! Tu verras à tes pieds ces barbares maîtres du tonnerre ; & les mains mêmes qui t'ont donné des fers, t'aideront à monter ſur le Trône.

Pourquoi faut-il que le ſouvenir de mes malheurs vienne altérer un bonheur ſi pur ? Pourquoi faut-il que je te trace des maux qui ne ſont plus ? N'eſt-ce point abuſer des préſens des Dieux, que de n'en pas goûter tout le prix ? Ne point oublier ſon infortune, c'eſt preſque la mériter. Et tu veux, ma chere Zilia, que j'ajoûte à mes maux la honte de les avoir ſoufferts juſtement. Je t'aime, je puis te le dire, je vais te revoir. Quel nouvel éclairciſſement puis-je te donner ſur mon ſort ? J'irois te peindre le paſſé, quand je ne puis t'exprimer les ſentimens qui m'agitent en ce moment ! .... Mais que dis-je ? tu le veux, Zilia.

Rappelle-toi, ſi tu le peux ſans mourir, ce jour affreux, ce jour dont l'allégreſſe fut l'aurore.

Le Soleil, plus brillant, répandoit ſur mon viſage les mêmes rayons dont il éclairoit le tien. Les tranſports de la joie, les flâmes de l'amour enlevoient mon cœur. Mon ame étoit confondue dans la Divinité même dont elle eſt émanée. Mês yeux étinceloient du feu qu'ils avoient pris dans les tiens, & brilloient de mille deſirs. Retenu par la décence des cérémonies, je marchois au Temple ; mon cœur y voloit. Déjà je t'y voyois, plus belle que l'étoile du matin, plus vermeille que la roſe nouvelle, accuſer la lenteur de nos *Cucipatas*, te plaindre à moi de l'obſtacle qui nous ſéparoit encore ... quand tout-à-coup, ô ſouvenir horrible ! la foudre gronde, éclate dans les airs. A ce bruit redoutable, tout tombe à mes côtés. Moi-même je me proſterne pour adorer *Yalpor*. Je l'implore pour toi. Ses coups redoublent, ſe ralentiſſent, ils ceſſent. Je me leve tremblant pour tes jours. Quelle horreur ! quel ſpectacle ! Enveloppé dans un nuage de ſoufre, environné de flâmes & de ſang, dans une affreuſe obſcurité, mes yeux n'apperçoivent que la mort, mes oreilles n'entendent que des cris, & mon cœur ne demande que toi : tout te peint à ce cœur éperdu. J'entends encore le coup qui t'a frappée. Je te vois pâle, défigurée, le ſein ſouillé de ſang & de pouſſiere : un feu cruel te dévore.

Les nuages ſe diſſipent, l'obſcurité ceſſe. Le croiras-tu, Zilia? Ce n'étoit point *Yalpor*. Les Dieux ne ſont pas ſi cruels. Des barbares, uſurpateurs de leur puiſſance, nous en faiſoient ſentir tout le poids. A leur vue odieuſe, je me lance au milieu d'eux. L'Amour, les Dieux qu'ils ont outragés, me prêtent leurs forces : ta vue les augmente. Je vole à toi, je renverſe tout. Je ſuis près de t'atteindre; mais tu paſſes la porte ſacrée. On t'entraîne, tu diſparois; la douleur me dévore; le déſeſpoir m'arrache des pleurs. Furieux, je m'élance; on ſe jette ſur moi. Les coups que j'ai portés ont détruit juſqu'à mes armes. Affoibli par l'excès de mes efforts, accablé par le nombre, je tombe ſur les corps outragés de mes ancêtres (*a*). Là, mon ſang & mes larmes ſe mêlent à leur ignominie, aux corps expirans de tes compagnes, aux guirlandes mêmes dont tu devois orner ma tête, & que tes mains avoient tiſſues. Un froid mortel s'empare

(*a*) Les Péruviens mettoient dans leur Temple les corps embaumés de quelques-uns de leurs Rois.

de mes ſens ; mes yeux troublés s'affoibliſſent, ſe ferment : je ceſſe de vivre, ſans ceſſer de t'aimer.

Sans doute, l'amour, l'eſpoir de te venger, ma chere Zilia, m'ont rendu à la vie. Je me ſuis trouvé dans mon Palais, environné des miens. La fureur a ſuccédé à ma foibleſſe : j'ai pouſſé des cris affreux ; les mains armées, j'ai excité ma garde à me venger. Périſſent, lui ai-je dit, périſſent les impies ; ils ont violé nos plus ſacrés aſyles. Venez, armez-vous tous ; frappons, détruiſons ces cruels. Rien ne pouvoit calmer mes tranſports. Mais quand le *Capa-Inca* mon pere, averti de ma fureur, m'eut aſſuré que je te reverrois, que tes jours étoient en sûreté, que nous ſerions l'un à l'autre, quelle joie, quels nouveaux tranſports ſe ſont emparés de mon ame ! O ma chere Zilia ! eſt-ce aſſez d'un cœur pour goûter tant de plaiſir ?

Une baſſe avidité pour un vil métal a ſeule conduit ces barbares dans ces lieux. Mon pere a ſçu leurs deſſeins, les a prévenus. Ils partiront enfin courbés ſous le poids de ſes dons, auſſitôt qu'ils t'auront rendue à mes vœux. Ces peuples, que l'or arma contre nous, & qu'il rend nos amis, devenus moins féroces, font éclater à chaque instant leur reconnoissance & leurs respects. Ils s'inclinent devant moi, ainsi que nos *Cucipatas* devant le Soleil. Se peut-il qu'un amas méprisable de matiere puisse changer ainsi le cœur de l'homme, & de barbares qu'ils étoient, les rendre les instrumens de ma félicité ! Etoit-ce à un métal, à des monstres, à retarder, à faire enfin notre bonheur ?

Adorable Zilia ! lumière de mon ame ! que les mots dont tu te sers pour retracer le malheur qui nous a séparés, m'ont causé d'agitations ! Je t'ai suivi dans le danger. Ma fureur s'est renouvellée ; mais les assurances de ta tendresse, ainsi qu'un baume salutaire, ont adouci la plaie que tu touchois dans mon cœur. Non, Zilia, rien n'est égal au bonheur d'être aimé de toi. Tous mes sens en sont troublés. Mon impatience s'accroît ; elle me dévore. Je brûle. Je meurs.

Viens me rendre la vie. Zilia ! Zilia ! que *Lhuama* (a) te prête ses aîles ; que

(*a*) Grand Aigle du Pérou.

l'éclair le plus vif te porte jusqu'à moi, tandis que mon cœur, plus prompt que lui, vole au-devant de tes pas.

LETTRE DEUXIEME.

A ZILIA.

Déseſpoir d'Aza, trompé par les promeſſes des Eſpagnols. Il ſe flatte de venger Zilia.

QUOI ! Zilia (*a*), la terre n'eſt pas aneantie ! Le Soleil nous éclaire encore, & le menſonge & la trahiſon ſont dans ſon Empire ! O Zilia ! toutes les vertus mêmes ſont bannies de mon cœur éperdu. Le déſeſpoir & la fureur ont pris leur place.

Ces barbares Eſpagnols, aſſez hardis pour te donner des fers, mais trop lâches, trop inhumains pour les briſer, ont oſé me trahir. Malgré leurs promeſſes, tu ne m'es pas rendue.

(*a*) Cette Lettre ne lui fut pas remiſe.

Yalpor, qui te retient ? Lance tes coups, tourne contre ces perfides les traits dévorans qu'ils t'ont dérobés ; qu'une flâme empoisonnée, après mille tourmens, les réduise en poudre. Monstre cruel ! dont le crime ne peut se laver que dans le sang du dernier de ta race (*a*) : Nation perfide, dont les Villes rasées devroient être semées de pierres, & arrosées de sang (*b*), quelles horreurs joignez-vous à l'infamie du parjure !

Déja, de ses rayons sacrés, le Soleil a éclairé deux fois ses enfans, & ma chere Zilia n'est pas rendue à mon impatience ! Ses yeux, dans lesquels je devrois fixer ma félicité, sont en ce moment inondés de pleurs. C'est peut-être au travers des larmes les plus amères, qu'ils laissent échapper ces traits de flâme qui embraserent mon cœur. Ces mêmes bras dans lesquels les Dieux devoient couronner l'amour le plus ardent, sont peut-

---

(*a*) Les Péruviens poursuivoient le crime jusques dans les descendans du criminel.

(*b*) On détruisoit jusqu'aux Villes où étoient nés les grands criminels : on y semoit des pierres, & on y versoit du sang en signe de malédiction.

être accablés encore ſous le poids d'indignes fers. O douleur funeſte ! ô mortelle penſée !

Tremblez, vils humains ! le Soleil m'a remis ſa vengeance : mon amour outragé va la rendre plus cruelle.

C'eſt par toi que j'en jure, Aſtre vivifiant dont nous tenons nos ames (*a*) nos jours ; c'eſt par tes pures flâmes, dont le feu divin m'anime. O Soleil ! que tes rayons bienfaiſans s'éloignent de moi pour jamais ; que, plongé dans une nuit affreuſe, la conſolante aurore n'annonce plus ton retour, ſi Aza ne détruit la race criminelle qui oſe ſouiller de menſonges ces lieux ſacrés. Et toi, ma chère Zilia, objet infortuné de toute ma tendreſſe, ſeche tes pleurs. Tu verras bientôt ton amant renverſer tes ennemis, briſer tes fers, les en accabler. Chaque inſtant augmentera ma fureur & leur ſupplice. Déjà une joie cruelle ſe fait jour dans mon cœur. Déjà je crois me baigner dans le ſang de ces perfides. La rage ſignale mon amour.

(*a*) Les Péruviens regardoient l'ame comme une portion du Soleil.

Je vais surpasser leur barbarie. Elle sera mon guide ; je cours la suivre. Zilia, ma chere Zilia, sois sûre de ma victoire ; c'est toi que je vais venger.

LETTRE TROISIEME.

De Madrid,

A KANHUISCAP.

Aza peint à son ami la cruelle situation de son cœur.

QUELLE Divinité assez touchée de mes maux, généreux ami, a pu te conserver à ma douleur? Il est donc vrai qu'au sein des malheurs les plus affreux, on peut goûter quelques charmes : & que, quelqu'infortuné que l'on soit, on peut contribuer au bonheur des autres. Tes mains sont accablées de chaînes, & tu parois soulager les miennes. Ton ame est abattue par la douleur, & tu diminues ma tristesse.

Etranger, captif, dans ces climats barbares, tu me fais retrouver ma patrie, dont le sort t'éloigne. Mort pour tout le reste des hommes, je ne veux plus vivre qu'avec toi. Ce n'est que pour toi que mon esprit accablé trouvera des expressions, & que mes mains affoiblies formeront quelquefois ces nœuds qui nous réunissent malgré nos cruels ennemis.

Pardonne, si l'amour le plus tendre, le plus ardent, t'entretient plus souvent que l'amitié & la vengeance. Les douceurs de l'une peuvent consoler, la violence de l'autre peut avoir des charmes : mais tout cede à l'amour.

Ce n'est pas qu'abattu sous les coups du sort, mon infortune ait diminué mon courage. Roi, je pensois en Roi : esclave, je n'ai pas les sentimens de mes semblables. Je desire la vengeance sans l'espérer. Je voudrois changer, & ton sort & le mien. Je ne puis que les plaindre.

Va, meurs : on nous transporte dans un Monde nouveau, & malgré mes prières, on nous sépare. Notre amitié devient l'objet de la crainte de nos vainqueurs. Accoutumés au crime, pourroient-ils ne pas redouter la vertu ?

Est-ce ainsi qu'il devoit finir, Kanhuiſcap, ce jour où ton courage & le mien, où mon amour, mieux qu'eux encore, devoit me rendre, en triomphant, digne de la main qui m'armoit de l'Aſtre étincelant qui m'a fait naître, & de ton admiration ; où le Soleil, ennemi du parjure, devoit venger ſes fils, les raſſaſier de la chair fumante de ces monſtres (*a*), & les abreuver de leur ſang odieux ?

Eſt-ce ainſi que je devois venger les Dieux de Zilia ? Zilia ! qui, conſumée par l'amour le plus vif, brûle encore dans des fers que je n'ai pu briſer ; Zilia, que d'infâmes raviſſeurs..... O Dieux ! éloignez de moi ces funeſtes images... Que dis-je, Kanhuiſcap ? Les Dieux mêmes ne peuvent les bannir. Je ne vois point Zilia, un élément cruel nous ſépare. Peut-être ſa douleur, nos ennemis, les flots..... Un trait mortel me perce le cœur. Ami, je ſuccombe à l'excès de mes maux. Mes Quipos échappent de mes mains. Zilia..... Zilia !

(*a*) Les Péruviens mangeoient la chair de leurs ennemis, buvoient leur ſang, & les femmes s'en frottoient le bout des mammelles pour le faire ſucer à leurs enfans.

LETTRE QUATRIEME.

Au même.

Allarmes d'Aza sur le sort de Zilia, dont il a eu de funestes présages.

FIDELE *Anqui*, tes Quipos ont suspendu un instant mes allarmes ; mais ils n'ont pu les bannir. Au baume salutaire que ton amitié répand sur mes maux, succèdent toujours des souvenirs affreux. Je me rappelle à chaque instant Zilia dans les fers, le Soleil outragé, ses Temples profanés ; je vois mon pere courbé sous le poids des chaînes, comme sous celui des ans, ma patrie désolée. Je n'existe plus que dans ma tristesse. Tout l'accroît ; les ombres de la nuit ne me présentent que des images effrayantes. En vain le sommeil m'offre le repos ; dans ses bras je ne trouve que des tourmens. Cette nuit encore, Zilia s'est offerte à mes yeux. Les horreurs de la mort étoient peintes sur son visage. Mon nom sembloit échapper de ſes lévres mourantes ; je le voyois tracé ſur les Quipos qu'elle tenoit encore. Des barbares inconnus, les armes teintes de ſang, au milieu de la flamme, du tumulte & des cris, l'arrachoient d'une de ces énormes machines qui nous ont tranſportés ; & ſembloient la préſenter en triomphe à leur chef odieux, quand tout-à-coup la mer, s'élevant juſques aux nues, n'a plus offert à ma vue que des flots de ſang, des cadavres flottans, des bois à demi conſumés, des feux & des flammes dévorantes.

En vain je veux diſſiper ces triſtes idées ; elles reviennent toujours ſe peindre à mon eſprit. Rien ne m'arrache à ma douleur, tout l'augmente. Je hais juſqu'à l'air que je reſpire. Je me plains aux flots de ce qu'ils ne m'ont point englouti. Je me plains aux Dieux, du jour qu'ils me laiſſent encore. Si leur bonté moins cruelle me permettoit de me ravir à la lumière ; ſi je pouvois diſpoſer un inſtant de cette portion de la Divinité qu'ils m'ont départie ; ſi ce n'étoit point un crime horrible pour un mortel, que de detruire l'ouvrage de la Divinité, dût-on blâmer ma foibleſſe, dût mon ame errer dans les airs, Kanhuiſcap, mes maux ſeroient finis. Mais que dis-je ? ils augmentent tous les jours.

Reçois dans ton ſein mes vives douleurs, ô Kanhuiſcap ! apprends, s'il ſe peut, le ſort de Zilia, tandis que mon cœur éperdu la demande aux Dieux, a la Nature entière, à moi-même.

LETTRE CINQUIEME.

Au même.

Aza conçoit l'eſpérance de recevoir de Kanhuiſcap *des nouvelles de Zilia.*

QUE les rayons divins qui nous donnent la vie, t'échauffent de leur feu le plus doux ; Kanhuiſcap, tu nourris dans mon cœur la plus flatteuſe eſpérance. Les progrès que tu fais dans la langue des Eſpagnols, t'ont déjà inſtruit que les premiers vaiſſeaux qu'on attend ſur le rivage que tu habites, viennent de la terre du Soleil. Tu ſçauras le ſort de celle pour qui ſeule je reſpire. Juge avec

avec quelle impatience j'attends que tu m'en instruises. Je me suis peint d'avance l'étendue de ma félicité. L'état de Zilia s'est dévoilé à mes yeux. Je l'ai vue, je la vois encore, remise à la garde du Soleil, n'ayant d'autre tristesse que celle de mon éloignement, parer les Autels de ce Dieu de sa beauté, autant que des ouvrages de ses mains. Ainsi qu'une fleur précieuse, qui, après l'orage, encore agitée par les vents, reçoit les premiers rayons du Soleil; l'eau qui la couvre ne sert qu'à augmenter son éclat : de même Zilia paroît plus belle & plus chere à mon cœur. Tantôt, je la vois comme le Soleil, lorsqu'après une longue obscurité, sa lumière plus vive frappe nos yeux éblouis, & nous annonce la renaissance d'un beau jour. Tantôt, je suis à ses pieds. Je ressens le trouble, l'émotion, le plaisir, le respect, la tendresse, tous les sentimens qui m'agitoient, lorsque je jouissois de sa vue; ceux mêmes dont son cœur étoit ému, Kanhuiscap, je les éprouve. Que les chaînes de l'illusion sont fortes! mais qu'elles sont aimables! mes maux réels sont détruits par des plaisirs apparens.

Je vois Zilia heureuſe, mon bonheur eſt certain.

O mon cher Kanhuiſcap, ne trompe pas un eſpoir qui fait ma félicité, & qui peut être détruit par la ſeule impatience. Que le moindre retardement, généreux ami, ne differe pas mon bonheur. Que tes Quipos, noués par les mains de l'allégreſſe, me ſoient portés par les vents devenus plus prompts ; & que, pour prix de ton amitié, les parfums les plus exquis ſe répandent toujours ſur ta tête.

LETTRE SIXIÉME.

Au même.

Les inquiétudes d'Aza sont calmées par les nouvelles que son ami lui donne de Zilia.

DE quelle eau délicieuse te sers-tu, cher ami, pour éteindre le feu cruel qui dévoroit mon cœur ? Aux inquiétudes qui m'agitoient sans cesse, à la douleur qui m'accabloit, tu fais succéder la joie & le calme. Je vais revoir Zilia ; ô bonheur presque inespéré ! Je ne la vois point encore ; ô cruel éloignement ! En vain mon cœur devance ses pas. En vain toute mon ame vole se confondre dans la sienne ; il m'en reste assez pour sentir que je suis séparée de Zilia.

Je vais la revoir ; & cette consolante pensée, loin de calmer mon inquiétude, accroît mon impatience. Séparé de ma vie même, juges quels tourmens j'endure. A chaque instant je meurs, je ne renais que pour désirer. Semblable au chasſeur qui augmente, en courant l'éteindre, la ſoif qui le dévore, mon eſpoir rend plus vif la flamme qui me conſume ; plus je ſuis prêt de m'unir à Zilia, plus je crains de la perdre. Pour combien de tems, fidèle ami, un moment ne nous a-t-il pas déjà ſéparés ; & ce moment cruel, au comble de ma félicité, je le craindrai encore.

Un élément auſſi barbare qu'inconſtant, eſt le dépoſitaire de mon bonheur. Zilia, me dis-tu, abandonne l'Empire du Soleil, pour venir dans ces climats affreux. Long-tems errante ſur les mers, avant de me rejoindre, quels dangers n'aura-t-elle pas à courir, & combien davantage n'en aurai-je pas à craindre pour elle ? Mais dans quel égarement me plonge mon amour ? Je redoute des maux, quand tout me promet des plaiſirs ; des plaiſirs dont l'idée ſeule..... ! Ah ! Kanhuiſcap ! quelle joie, quel ſentiment juſqu'alors inconnu...! Tous mes ſens ſe ſéparent, pour goûter le même plaiſir. Zilia s'offre à mes yeux. J'entends les tendres accens de ſa voix. Je l'embraſſe. Je meurs.

LETTRE SEPTIEME.

Au même.

Aza chez Alonzo, qui l'instruit des mœurs des Espagnols.

Si, susceptible d'altération, quelque chose pouvoit diminuer ma joie, Kanhuiscap, le terme où tu remets mon bonheur, pourroit l'affoiblir.

Avant que de me rendre heureux, il faut que le Soleil éclaire cent fois le monde! Avant cet espace immense de tems, Zilia ne peut m'être rendue!

En vain l'amitié s'efforce de me dédommager des rigueurs de mon sort: elle ne peut m'arracher à mon impatience.

Alonzo, que l'injuste Capa-Inca des Espagnols a nommé pour s'asseoir avec mon pere sur le trône du Soleil; Alonzo, à qui les Espagnols m'ont confié, veut inutilement me dérober à ma douleur. L'amitié qu'il me témoigne, les mœurs de ses compatriotes qu'il me fait observer, les amusemens qu'il cherche à me procurer, les réflexions où je m'abandonne moi-même, ne font que la charmer.

La douleur amère où m'avoit plongé la séparation de Zilia, m'avoit empéché, jusqu'ici, de faire aucune attention sur les objets qui m'environnent. Je ne voyois, je n'espérois que des maux. Je me plaisois, pour ainsi dire, dans mon infortune. Je ne vivois point : pouvois-je rien considérer ? Mais à peine ai-je donné à la joie les momens que l'amour lui devoit, que j'ai ouvert les yeux. Quel spectacle alors m'a frappé ! puis-je te peindre combien il me surprend encore ? Je me trouve seul au milieu d'un Monde que je n'eusse jamais imaginé. J'y vois des hommes semblables à moi. Une surprise égale les saisit & me frappe. Mes regards avides se confondent dans les leurs. Une foule de peuple qui s'agite & circule sans cesse dans le même espace, où il semble que le sort l'ait renfermée ; d'autres qu'on ne voit presque jamais, & qui ne se distinguent de ce peuple laborieux que par leur oisiveté ; des rumeurs, des cris, des querelles, des combats, un bruit affreux, un trouble continuel : voilà d'abord tout ce que je pus discerner.

Dans ces commencemens mes regards, embraſſant trop de choſes, n'en pouvoient diſtinguer aucune. Je ne fus pas long-temps à m'en appercevoir : c'eſt pourquoi je réſolus de leur preſcrire des bornes, & de commencer à réfléchir ſur ce que je voyois de plus près ; c'eſt ainſi que la maiſon d'Alonzo eſt devenue le ſiège de mes penſées. Les Eſpagnols que j'y vois m'ont paru un objet aſſez conſidérable pour m'occuper quelque temps, & me faire juger par leurs inclinations de celles de leurs compatriotes. Alonzo, qui a habité aſſez de tems dans nos contrées, & qui conſéquemment n'ignore, ni nos uſages, ni notre langue, m'aide dans les découvertes que je veux faire. Cet ami ſincère, dégagé des préjugés de ſa nation, m'en fait ſouvent ſentir le ridicule. Regardez cet homme grave, me diſoit-il l'autre jour, qu'à ſon regard fier, ſa mouſtache retrouſſée, ſon bonnet enfoncé, & à ſa ſuite nombreuſe, vous prenez déjà pour un ſecond *Huayna-Capac* (a); c'eſt un *Cucipatas* qui a promis à notre

(a) Nom du plus grand Conquérant du Pérou.

Pachacamac d'être humble, doux & pauvre. Celui-ci, à qui la liqueur qu'il prend à si grands traits, ne laissera bientôt plus aucune marque de raison, est un Juge qui, dans une heure au plus, va décider de la vie ou de la fortune d'une douzaine de Citoyens. Cet homme qui est encore plus amoureux de lui-même, que de cette Dame auprès de laquelle il paroît si empressé; qui a peine peut supporter la chaleur du jour, & l'habit parfumé qui le couvre; qui parle avec tant de feu de la moindre bagatelle; dont la débauche a creusé les yeux, pâli le visage & éteint même jusqu'à la voix, est un guerrier qui va conduire trente mille hommes au combat.

C'est ainsi, Kanhuiscap, qu'à l'aide d'Alonzo, je vois dissiper, pendant quelques momens, l'inquiétude qui me consume. Mais, hélas! qu'elle reprend bientôt la place! Les amusemens de l'esprit le cèdent toujours aux affections du cœur.

LETTRE HUITIEME.

Au même.

Aza peint à son ami le caractère d'Alonzo.

Les observations qu'Alonzo me fait faire sur les caractères de ses concitoyens, ne m'empêchent pas de jetter quelquefois les yeux sur le sien. Admirateur des vertus de cet ami sincère, je ne laisse pas d'en remarquer les défauts. Sage, généreux & vaillant, il est cependant foible, & donne dans les ridicules qu'il condamne. Voyez ce guerrier respectable & terrible, me disoit-il, ce ferme défenseur de notre patrie, cet homme qui, d'un seul coup d'œil, se fait obéir par un millier d'autres, il est esclave dans sa propre maison, & soumis aux moindres volontés de sa femme. Ainsi me parloit Alonzo, lorsque Zulmire entra. A l'air impérieux qu'elle affectoit, aux tendres embrassemens de son pere, je ne pus douter qu'Alonzo ne fût, à l'égard de sa fille, dans le cas du guerrier dont il venoit de blâmer la foibleſſe pour ſa femme. Ne crois pas que cèt Eſpagnol ſoit le ſeul de ſa nation qui ne pardonne pas aux autres ſes propres foibleſſes. Je me promenois un de ces jours dans un jardin, où, dans la foule, je diſtinguai un petit monſtre : il étoit de la hauteur d'une *Vicunna* (a) : ſes jambes étoient contournées comme un *Amaruc* (b), & ſa tête, enfoncée dans ſes épaules, pouvoit à peine ſe tourner. Je ne pouvois m'empêcher de plaindre le ſort de cet infortuné, lorſque de grands éclats de rire vinrent à me diſtraire. Je regardai d'où ils partoient. Quelle fut ma ſurpriſe, quand je vis que c'étoit un homme preſque auſſi difforme que le premier, qui ſe railloit de la taille du petit monſtre, & en faiſoit remarquer à d'autres la ſingularité. Se peut-il que nous ne reconnoiſſions pas nos défauts, lors même que nous les remarquons dans les autres ? Se peut-il que l'excès d'une vertu devienne une foibleſſe ? Alonzo, ſoumis à ſa fille, ſeroit inexcuſable de ne la pas aimer. La vivacité de l'eſprit, les graces,

(*a*) Eſpèce de Chèvre des Indes.

(*b*) Couleuvre des Indes.

la beauté, le Dieu Créateur lui a tout donné. Son port, ses regards languissans, malgré le feu qui les anime, le vif éclat de son teint, me font assez juger qu'elle a un cœur sensible, mais vain ; doux, mais ardent dans ses moindres desirs.

Quelle différence, ami, entr'elle & Zilia ! Zilia, qui, ignorant presque sa beauté, voudroit la cacher à tout autre qu'à son vainqueur ; elle, que la modestie & la candeur conduisent, & dont le cœur, occupé seul par l'amour le plus pur & le plus tendre, ne sent point les mouvemens de l'orgueil, & méprise les détours de l'art ; elle qui, pour plaire, ne sçait qu'aimer, elle enfin . . . Quelle flâme ardente consume mon ame ! Zilia, ma chere Zilia ! ne me seras-tu jamais rendue ? Qui peut retarder encore notre félicité ? Les Dieux seroient-ils jaloux des plaisirs d'un mortel ? Ah ! cher ami, si ce n'est que pour eux que l'amour doit avoir des douceurs, pourquoi nous font-ils connoître la beauté ; ou pourquoi, maîtres de nos cœurs, nous laissent-ils desirer un bonheur qui les offense ?

LETTRE NEUVIEME.

Au même.

Mœurs & conduite des Espagnols, tout autres en Espagne qu'au Mexique.

SANS le secours de la Langue Espagnole, les réflexions qu'Alonzo me fait faire, ne pouvoient pas être portées à un certain point, & celles où je me livre moi-même, ne pouvoient qu'être superficielles. Cherchant à charmer mon impatience, j'ai demandé un maître qui pût m'instruire dans cette Langue. Les connoissances qu'il m'a communiquées, me mettent déjà en état de profiter des conversations, & d'examiner de plus près le génie & le goût d'une nation qui semble n'avoir été créée que pour la destruction de la terre, dont cependant elle croit être l'ornement. D'abord je pensois que ces barbares ambitieux, occupés à faire le malheur des peuples qui les ignorent, ne s'abreuvoient que de sang, ne voyoient le Soleil qu'au travers d'une obſcure fumée, & s'occupoient uniquement à forger la mort ; car (tu le ſçais auſſi-bien que moi), ce tonnerre dont ils nous ont frappés, avoit été créé par eux. Je croyois ne rencontrer dans leurs Villes que des Artiſans de la foudre, des ſoldats s'exerçant à la courſe & au combat, des Princes teints du ſang qu'ils ont verſé, bravant, pour en répandre encore, les chaleurs du jour, la glace des ans, la fatigue & la mort.

Tu prévois ma ſurpriſe, lorſqu'à la place de ce théâtre ſanglant qu'avoit élevé mon imagination, j'ai vu le Trône de la clémence.

Ces peuples, qui, je crois, n'ont été cruels que pour nous, paroiſſent gouvernés par la douceur. Une étroite amitié ſemble lier les concitoyens. Ils ne ſe rencontrent jamais qu'ils ne ſe donnent des marques d'eſtime, d'amitié, & même de reſpect. Ces ſentimens brillent dans leurs yeux, & commandent à leur corps. Ils ſe proſternent les uns devant les autres. Enfin à leurs embraſſemens continuels, on les prendroit plutôt pour une famille bien unie, que pour un peuple.

Ces guerriers qui nous ont paru ſi redoutables, ne ſont ici que des vieillards encore plus aimables que les autres, ou de jeunes gens enjoués, doux & prévenans. La molleſſe qui les gouverne, la peine qu'un rien leur coûte, les plaiſirs, qui font leur unique étude, & les ſentimens d'humanité qu'ils laiſſent paroître, me feroient croire qu'ils auroient deux corps, l'un pour la ſociété, l'autre pour la guerre.

Quelle différence en effet! Ami, tu les as vu porter dans nos murs déſolés l'horreur, l'épouvante & la mort. Les cris de nos femmes expirantes ſous leurs coups, la vieilleſſe reſpectable de nos peres, les ſons douloureux que produiſoient à peine les tendres organes de nos enfans, la majeſté de nos Autels, la ſainte horreur qui les environne, tout ne faiſoit qu'augmenter leur barbarie.

Et je les vois aujourd'hui adorer les appas qu'ils fouloient aux pieds, honorer la vieilleſſe, tendre une main ſecourable à l'enfance, & reſpecter les Temples qu'ils profanoient. Kanhuiſcap, ſeroient-ce donc les mêmes hommes?

LETTRE DIXIEME.

Au même.

Réflexions d'Aza sur la variété du goût des Espagnols.

PLUS je réfléchis sur la variété du goût des Espagnols, moins j'en découvre le principe. Cette Nation n'en paroît avoir qu'un qui soit général; c'est celui qui la porte à l'oisiveté. Il y a cependant une Divinité à-peu-près du même nom; c'est le Bon-Goût. Une foule choisie d'adorateurs lui sacrifie tout, jusqu'à son repos; quoique cependant une partie ignore (& cette partie est la plus sincere), quel est ce Dieu; l'autre, plus orgueilleuse, en donne des définitions qui ne sont pas plus intelligibles pour les autres que pour elle-même. C'est, selon bien des gens, un Dieu, qui, pour être invisible, n'en est pas moins réel. Chacun doit sentir ses inspirations. Il faut convenir avec le Sculpteur, qu'on le voit caché sous un masque hideux qui paroît voltiger ſur deux aîles de chauve-ſouris ; & qu'un petit enfant enchaîne galamment avec une guirlande de fleurs. Une eſpèce d'homme, qu'on appelle ici petits-maîtres, vous forcera de dire, que ce Dieu eſt plutôt dans ſon pourpoint, que dans celui d'un de ſes pareils ; & la preuve qu'il en apportera, (à laquelle vous ne pourrez vous refuſer), c'eſt que les fentes de ſon pourpoint ſont plus ou moins grandes que celles de l'autre.

Il y a quelques jours que je fus voir un édifice dont on m'avoit fait un récit fort incertain. A peine l'eus-je apperçu, que je vis près la porte deux troupes d'Eſpagnols, qui ſembloient en guerre ouverte l'une contre l'autre. Je demandai à quelqu'un qui m'accompagnoit quel étoit le ſujet de leur diviſion. C'eſt, me dit-il, un grand point. Il s'agit de décider de la réputation de ce Temple, & du rang qu'il doit tenir chez la Poſtérité. Ces gens que vous voyez ſont des Connoiſſeurs. Les uns ſoutiennent que c'eſt une maſſe de pierre, qui n'a rien de rare que ſon énormité, & les autres oppoſent que cet édifice n'eſt rien moins qu'énorme, & qu'il est construit dans le bon goût.

Après avoir laissé ce peuple de Connoisseurs, j'entrai dans le Temple. A peine eus-je fait quelques pas, que je vis, peint sur un lambris, un vieillard vénérable, dont la grandeur & la noblesse des traits inspiroit le respect. Il paroissoit porté sur les vents, & étoit environné de petits enfans aîlés qui baissoient les yeux vers la terre. Que représente ce Tableau, demandai-je? C'est, me répondit un vieux *Cucipatas*, après plusieurs inclinations, le portrait du Maître de l'Univers, qui, d'un souffle, a tout tiré du néant. Mais, interrompit-il avec précipitation, avez-vous examiné ces pierres précieuses qui couvrent cet Autel? Il n'avoit pas achevé ces paroles, que la beauté d'une de ces pierres m'avoit déjà frappé. Elle représentoit un homme la tête ceinte de laurier. Je ne fus pas long-tems à m'informer quel étoit cet homme qui avoit mérité une place à côté d'un Dieu. C'est, me dit le *Cucipatas* d'un air riant, la tête du Prince le plus cruel & le plus méprisable qui ait jamais existé. Cette réponse me jetta dans une suite de réflexions que le défaut d'expressions m'empêcha de communiquer. Revenu de mon premier étonnement, d'un pas respectueux je quittois le Temple, lorsqu'un autre objet m'arrêta. Dans l'endroit le plus obscur, à travers la poussière, mes yeux démêlèrent la tête d'un vieillard. Il n'avoit ni la majesté, ni le visage du premier. Quel fut mon étonnement, quand on voulut me persuader que c'étoit le portrait du même Dieu, seul créateur de toutes choses. Le peu de respect que ce Cucipatas paroissoit avoir pour ce portrait, m'empêcha de le croire, & je sortis indigné contre cet imposteur,

Quelle apparence en effet, Kanhuiscap, que les mêmes hommes, dans le même lieu, foulent aux pieds le Dieu qu'ils adorent ?

Ce n'est pas-là la seule contradiction que les Espagnols aient avec eux-mêmes ; rien de plus fréquent que celles que le tems opere sur eux.

Pourquoi détruit-on ce Palais, auquel la solidité promettoit encore un siècle au moins de durée ? C'est, m'a-t-on répondu, parce qu'il n'est plus de goût. C'étoit, dans son tems, un chef-d'œuvre conſtruit à grands frais ; mais il eſt ridicule aujourd'hui.

Quoique cette Nation ſoit eſclave de ce prétendu bon-goût, elle diſpenſe cependant d'en poſſéder en propre. Il y a ici des gens de goût, qui, payés pour en avoir, vendent chèrement aux autres celui que le caprice leur attribue. Alonzo me fit remarquer l'autre jour un de ces hommes qui ont la réputation de ſe vétir avec une certaine élégance, dont, à le croire, on fait un grand cas : pour contraſter avec lui, il me montra en même tems quelqu'un qui paſſoit pour n'avoir aucun goût. Je ne ſçavois en faveur duquel me décider, lorſque le Public, devant qui ils étoient, porta le jugement en ſe moquant de tous les deux. De-là, la ſeule différence poſitive que je pus établir entre l'homme de goût, & celui qui en manque, c'eſt qu'ils s'écartent de la nature par deux chemins différens, & que ce Dieu qu'ils appellent Bon-Goût, choiſit ſa demeure tantôt au bout de l'une de ces routes, tantôt au bout de l'autre. Malheur alors à qui ne prend pas le véritable ſentier. On le honnit, on le mépriſe, juſqu'à ce que ce Dieu, venant à changer de séjour, le mette en droit, au moment qu'il y pense le moins, de rendre aux autres la pareille.

Cependant, Kanhuiscap, à entendre les Espagnols, rien n'est plus constant que le goût; & s'il a changé tant de fois, c'est que leurs ancêtres ignoroient le véritable. Que je crains bien que le même reproche ne soit encore dans la bouche du dernier de leurs descendans!

LETTRE ONZIEME.

Au même.

Aza continue ses réflexions sur les vices des Espagnols.

T'AVOUERAI-JE ma surprise, Kanhuiscap, lorsque j'ai appris que dans ces climats que je croyois habités par la Vertu même, ce n'est que par force qu'on est vertueux? La crainte du châtiment & de la mort inspire seule ici des sentimens que je croyois que la Nature avoit gravés dans tous les cœurs. Il y a des volumes entiers qui ne sont remplis que de la prohibition du crime. Il n'eſt point d'horreur que l'on puiſſe imaginer, qui n'y trouve ſon châtiment : que dis-je ? ſon exemple. Oui, c'eſt moins une ſage prévoyance, que les modeles du crime, qui a dicté les loix qui le défendent. A en juger par ces loix, quels forfaits les Eſpagnols n'ont-ils pas commis ? Ils ont un Dieu, & l'ont blaſphêmé ; un Roi, & l'ont outragé ; une foi, & l'ont violée. Ils s'aiment, ſe reſpectent les uns les autres, & cependant ils ſe donnent la mort. Amis, ils ſe trahiſſent ; unis par leur Religion, ils ſe déteſtent. Où donc eſt, me demandé-je ſans ceſſe, cette union que j'avois trouvée d'abord parmi ces peuples ; ce lien charmant, dont il ſembloit que l'amitié enchaînoit leurs cœurs ? Puis-je croire qu'il ne ſoit formé que par la crainte ou par l'intérêt ? Mais ce qui m'étonne le plus, c'eſt l'exiſtence des loix. Quoi ! un peuple qui a pu violer les droits les plus ſaints de la Nature, & étouffer ſa voix, ſe laiſſe gouverner par la voix preſque éteinte de ſes ancêtres ? Quoi ! ces peuples, pareils à leurs *Hamas*, ouvrent la bouche au frein que leur préſente un homme dont ils viennent de déchirer le ſemblable! Ah! Kanhuiſcap, que malheureux eſt le Prince qui règne ſur de tels peuples! Combien de piéges n'a-t-il pas à éviter? Il faut qu'il ſoit vertueux, s'il veut conſerver ſon autorité; & ſans ceſſe le crime eſt devant ſes yeux: le parjure l'environne, l'orgueil dévance ſes pas; la perfidie, baiſſant les yeux, ſuit ſes traces, & il n'apperçoit jamais la vérité, qu'à la fauſſe lueur du flambeau de l'envie.

Telle eſt la véritable image de cette foule qui environne le Prince, & qu'on appelle la Cour. Plus on eſt près du trône, plus on eſt loin de la vertu. Un vil flatteur s'y voit à côté du défenſeur de la patrie, un bouffon auprès du Miniſtre le plus ſage; & le parjure, échappé au ſupplice qu'il mérite, y tient le rang dû à la probité. C'eſt pourtant dans le ſein de cette foule de criminels heureux, que le Roi prononce la Juſtice. Là, il ſemble que les loix ne lui ſont appriſes que par ceux qui les violent eux-mêmes. L'Arrêt qui condamne un coupable, eſt ſouvent ſigné par un autre.

Car quelque rigoureuſes que ſoient les loix, elles ne le ſont pas pour tout le monde. Dans le cabinet d'un Juge, une belle femme tombant en pleurs à ses genoux, un homme qui apporte une amas assez considérable de pièces d'or, blanchissent aisément l'homme le plus criminel, tandis que l'innocent expire dans les tourmens.

Ah! Kanhuiscap, qu'heureux sont les enfans du Soleil que la vertu seule éclaire! Ignorant le crime, ils n'en craignent pas la punition; &, comme elle est leur juge, la nature seule est leur loi.

LETTRE DOUZIEME.

Au même.

Continuation du même sujet.

RAREMENT le premier point de vue d'où l'on considere les choses, est le plus juste. Quelle différence, Kanhuiscap, entre ce peuple, & celui que j'avois vu la première fois! Toute sa vertu n'est qu'un voile léger, à travers lequel on distingue les traits de ceux qui veulent s'en couvrir : ſous l'éclat éblouiſſant des plus belles actions, on entrevoit toujours la ſemence de quelque vice. Ainſi les rayons du Soleil, qui ſemblent donner à la roſe une plus belle couleur, nous font mieux appercevoir les épines qu'elle cache.

Un orgueil inſupportable eſt la ſource de cette aimable union qui m'avoit d'abord charmée. Ces tendres embraſſemens, ce reſpect affecté, partent du même principe. La moindre inflexion du corps eſt regardée ici comme un devoir exigé ſeul par le rang & l'amitié; & les hommes les plus vils de ce Royaume, qui ſe haïſſent davantage, ſe rendent mutuellement ce faux hommage.

Un Grand paſſe devant vous : il ſe découvre; c'eſt un honneur : il vous ſourit; c'eſt une grace : mais on ne penſe pas qu'il faut acheter ce ſalut ſi honorable, ce ſourire ſi flatteur, par un millier d'abaiſſemens & de peines. Je ments : il faut être eſclave, pour recevoir des honneurs.

L'orgueil a encore ici un autre voile : c'eſt la gravité, ce vernis qui donne un air de raiſon aux actions les plus inſenſées,

ſées. Tel ſeroit un homme généralement eſtimé ; s'il avoit eu la foibleſſe de contraindre ſon enjouement, qui, avec toute la prudence & l'eſprit poſſible, eſt regardé comme un étourdi. Etre ſage, ce n'eſt rien : le paroître, c'eſt tout.

Cet homme, dont la ſageſſe & les talens répondent à la douceur qui eſt peinte ſur ſon viſage, me diſoit l'autre jour Alonzo ; ce génie preſque univerſel a été exclus des charges les plus importantes, pour avoir ri une fois inconſidérément.

Il ne faut donc pas t'étonner, Kanhuiſcap, ſi l'on ſait ici de très-grandes ſottiſes de ſang-froid. Auſſi ce ſérieux affecté ne fait-il pas ſur moi une grande impreſſion. J'apperçois l'orgueil de celui qui l'affecte, & plus il s'eſtime, plus je le mépriſe. Le mérite & l'enjouement ſont-ils donc des êtres antipathiques ? Non ; la raiſon ne perd jamais rien aux plaiſirs que l'ame ſeule reſſent.

LETTRE TREIZIEME.

Au même.

Embarras & fausses idées d'Aza sur les principaux dogmes du Christianisme.

JE ne puis m'empêcher de te le répéter encore, Kanhuiscap ; les Espagnols me paroissent quelque chose d'indéfinissable. A toutes les contradictions qu'ils font paroître, j'en vois tous les jours succéder de nouvelles. Que penseras-tu de celle-ci ? Cette Nation a un Dieu (*a*) qu'elle adore ; &, loin de lui faire aucune offrande, c'est ce Dieu qui la nourrit. On ne remarque point dans ses Temples aucuns *Curacas* (b), symboles de ses be-

(*a*) Il faut observer que c'est un Péruvien qui parle, & qu'il n'a qu'une connoissance imparfaite de notre culte.

(*b*) Statues de différens métaux, & différemment habillées, qu'on plaçoit dans les Temples. C'étoient des espèces d'*ex-voto* qui caractérisoient les besoins de ceux qui les offroient.

ſoins ; enfin, il y a certain tems de la journée, où l'on prendroit les Temples pour des Palais déſerts.

Quelques vieilles femmes y demeurent cependant preſque tout le jour. L'air de dévotion qu'elles affectent, les larmes qu'elles répandent, me les avoient d'abord fait eſtimer. Le mépris qu'on faiſoit d'elles me touchoit, lorſqu'Alonzo fit ceſſer ma ſurpriſe. Que ces femmes, me dit-il, qui ont déjà acquis votre eſtime, vous ſont peu connues ! Une de celles que vous voyez, eſt payée par des femmes proſtituées pour trafiquer leurs charmes. Cette autre ſacrifie ſon bien & ſon repos à la déſolation de ſa famille.

Meres dénaturées ! les unes confient leurs enfans à des gens à qui elles ne voudroient pas confier le moindre bijou, pour venir adorer un Dieu, qui, comme elles en conviennent, ne leur ordonne rien tant que l'éducation de ces mêmes enfans.

Les autres, revenues des plaiſirs du monde, parce qu'elles ne les peuvent plus goûter, ſe font ici devant leur Dieu une vertu des vices qu'elles ont remarqués dans les autres.

Que ces Nations barbares, Kanhuiſcap, ſont difficiles à accorder avec elles-mêmes. Leur Religion n'eſt pas plus aiſée à concilier avec la Nature. La conduite de leur Dieu a leur égard eſt auſſi variable que la leur envers lui (*a*).

Ils reconnoiſſent comme nous un Dieu Créateur. Il diffère, il eſt vrai, du nôtre, en ce qu'il n'eſt qu'une pure ſubſtance, ou, pour mieux dire, que l'aſſemblage de toutes les perfections. Nulle borne ne peut être preſcrite à ſa puiſſance; nulle variation ne peut lui être imputée; la ſageſſe, la bonté, la juſtice, la toute-puiſſance, l'immutabilité compoſent ſon eſſence. Ce Dieu a toujours exiſté & exiſtera toujours. Voilà la définition que m'en ont donnée les Cuciparas de cet Empire, qui n'ignorent rien de ce qui s'eſt paſſé depuis, & même avant la création du Monde.

Ce fut ce Dieu qui mit les hommes ſur la terre, comme dans un lieu de délices. Il les plongea enſuite dans un abîme de miſeres & de peines; après quoi, il les

(*a*) C'eſt toujours un Péruvien qui parle.

détruisit. Un seul homme cependant fut excepté de la ruine totale, & repeupla le Monde d'hommes encore plus méchans que les premiers. Cependant Dieu, loin de les punir, en choisit un certain nombre, à qui il dicta ses loix, & promit d'envoyer son fils. Mais ce peuple ingrat, oubliant les bontés de son Dieu, immola ce fils, le gage le plus cher de sa tendresse. Rendu par ce crime l'objet de la haîne de son Dieu, cette Nation éprouva sa vengeance : sans cesse errante de Contrée en Contrée, elle remplit l'Univers du spectacle de son châtiment ; ce fut à d'autres hommes, jusqu'alors plus dignes de la colère céleste, que ce fils tant promis prodigua ses bienfaits. Ce fut pour eux qu'il institua de nouvelles loix, qui ne different qu'en peu de choses des anciennes.

Voilà, sage ami, la conduite de ce Dieu envers les hommes. Comment l'accorder avec son essence ? Il est tout-puissant, immuable. C'est pour les rendre heureux qu'il créa ces peuples, & cependant aucun bonheur réel ne les dépouille des infirmités humaines. Il veut les rendre heureux ; ses loix leur défendent le plaiſir qu'il a fait pour eux, comme eux pour le plaiſir. Il eſt juſte, & ne punit pas dans les deſcendans les crimes qu'il a punis ſi ſévèrement dans les peres. Il eſt bon, & ſa clémence ſe laſſe preſque auſſitôt que ſa ſévérité.

Perſuadés qu'ils ſont de la bonté, de la puiſſance, & de la ſageſſe de ce Dieu, tu croiras, peut-être, Kanhuiſcap, que les Eſpagnols, fidèles à ſes loix, les ſuivent avec ſcrupule. Si tu le penſes, que ton erreur eſt grande ! Abandonnés ſans ceſſe & ſans réſerve à des vices défendus par ces loix, ils prouvent, ou que la juſtice de ce Dieu n'eſt pas aſſez grande, qui ne punit pas des actions qu'il défend, ou que ſa volonté eſt trop ſévère, qui défend des actions que ſa bonté l'empêche de punir.

LETTRE QUATORZIEME.

Zilia toujours présente au souvenir d'Aza, au milieu de ses réflexions. Intrigues & hypocrisie des femmes Espagnoles.

PEUT-ETRE as-tu pensé, fidèle ami, qu'adoucie par le tems, l'impatience qui dévoroit mon cœur s'étoit enfin ralentie. J'excuse ton erreur ; je l'ai causée moi-même. Les réflexions auxquelles tu m'as vu livré quelque tems, ne pouvoient partir que d'une ame tranquille, ainsi que tu le pensois. Quitte une erreur qui m'offense. Souvent l'impatience emprunte d'une tranquillité apparente les armes les plus cruelles. Je ne l'ai que trop éprouvé ; mon esprit contemploit d'un œil incertain les différens objets qui s'offroient devant moi ; mon cœur n'en étoit pas moins dévoré d'impatience. Toujours présente à mes yeux, Zilia me conservoit à mon inquiétude, dans les momens même où ma Philosophie te sembloit un garant de mon repos.

Les Sciences & l'étude peuvent distraire ; mais elles ne font jamais oublier les passions, & quand elles auroient ce droit, que pourroient-elles sur un penchant que la raison autorise? Tu le sçais: mon amour n'est point une de ces vapeurs passagères, que le caprice fait naître, & que bientôt il dissipe. La raison qui me fit connoître mon cœur, m'apprit qu'il étoit fait pour aimer. Ce fut à la lueur de son flambeau que la première fois j'apperçus l'Amour. Pouvois-je ne le pas suivre? Il me montroit la beauté dans les yeux de Zilia: il me fit éprouver sa puissance, ses douceurs, ma félicité; & loin de s'opposer à mon bonheur, la raison m'apprit qu'elle n'étoit souvent que l'art de faire naître & durer les plaisirs.

Juge à présent, Kanhuiscap, si la Philosophie a pu diminuer mon amour. Les réflexions que je fais sur les mœurs des Espagnols, ne peuvent que l'augmenter. La disproportion de vertu, de beauté, de tendresse que je remarque entr'elles & Zilia, me fait trop connoître combien il est cruel d'en être séparé.

Cette innocente candeur, cette franchise aimable, ces doux transports où son ame se livroit, ne sont ici que des voiles dont se couvrent la licence & la perfidie. Cacher l'ardeur la plus vive, pour en faire paroître une que l'on ne ressent pas, loin d'être puni comme un crime, est regardé comme un talent. Vouloir plaire à quelqu'un en particulier, c'est un crime; ne pas plaire à tous, c'est une honte : tels sont les principes de vertu que l'on grave ici dans le cœur des femmes. Dès qu'une d'elles a eu le bonheur, si c'en est un, d'être décidée belle, il faut qu'elle se prépare à recevoir l'hommage d'une foule d'adorateurs, à qui elle doit tenir compte de leur culte, au moins par un coup-d'œil chaque jour. Quand la personne qui jouit de cette réputation, c'est ce qu'on appelle coquette, la première démarche qu'elle fait, est pour démêler dans la troupe celui qui est le plus opulent. Cette découverte une fois faite, tous ses soins, ses actions doivent tendre à lui plaire : elle y réussit, l'épouse; alors elle consulte son cœur. Sa beauté prend un nouvel éclat; elle va tous les jours dans les Temples & dans les endroits publics; là, à travers un voile qui exempte son front de rougir, & ses yeux de se baisser, elle passe en revue la troupe fidelle.

Alvarès & *Pèdre* partagent bientôt son cœur. Elle balance entr'eux, se décide pour le premier, cache ſon choix à tous les deux, les laiſſe ſoupirer; ſans décourager Pèdre, rend Alvarès heureux, s'en dégoûte, retourne à Pèdre, qu'elle abandonne bientôt pour un autre. Ce n'eſt pas-là le plus difficile de ſes entrepriſes. Il faut qu'elle perſuade à tout le monde qu'elle chérit ſon mari, & qu'elle faſſe connoître à ſon époux le bonheur qu'il a d'avoir une femme ſage.

Le Public a auſſi un devoir à remplir, dont il s'acquitte très-bien; c'eſt de faire ſouvenir le mari de ce qu'il a épouſé une belle femme.

Il n'eſt point juſqu'à Zulmire, dont ces contagieux exemples n'aient perverti le cœur. Je crois qu'enfant encore, elle avoit la paſſion dangereuſe de vouloir plaire. Ses moindres mouvemens, ſes regards les plus indifférens, ont toujours quelque choſe qui ſemble partir du cœur. Ses diſcours ſont flatteurs, ſes yeux paſſionnés, & ſa voix touchante ſe perd ſouvent dans de tendres ſoupirs. C'eſt ainſi, Kanhuiſcap, qu'ici, par des ſecrets différens, la vertu a les dehors du vice, tandis que le vice ſe couvre du manteau de la vertu.

LETTRE QUINZIEME.

Au même.

Aza, mieux instruit sur la nature des Astrès & du Tonnerre, revient des anciens préjugés de sa Nation.

O Vérité qui me surprend encore ! O connoissance profonde ! Kanhuiscap, le Soleil, ce chef-d'œuvre de la Nature, la Terre (*a*), cette mere féconde, ne sont point des Dieux. Un Créateur différent du nôtre les a produits ; d'un regard il peut les détruire. Confondus dans un vaste cahos, enveloppés d'une matière grossière, du sein de la confusion, il tira ces Astres lumineux, & les Peuples qui les adorent. A toute matière, il donna une vertu productive. Le Soleil, à sa voix, distribua la lumière ; la Lune reçut ses rayons, nous les transmit. La Terre produisit, alimenta, par ses sucs, ces arbres, ces animaux que nous adorons.

(*a*) Les Péruviens adoroient la Terre sous le nom de *Mamachaa*.

La Mer, qu'un Dieu ſeul pouvoit dompter, nous nourrit des poiſſons qu'elle renfermoit : & l'Homme, créé maître de l'Univers, régna ſur tous les animaux.

Voilà, cher ami, ces myſtères dont l'ignorance a cauſé nos malheurs. Si, inſtruits comme les Eſpagnols des ſecrets de la Nature, nous euſſions ſçu que ce foudre qu'ils ont lancé ſur nous, n'étoit qu'un amas de matière, que nos climats renfermoient; qu'*Yalpor* même, ce Dieu terrible, n'étoit qu'une vapeur que la terre produiſoit, & que le haſard guidoit dans ſa chûte ; que ces *Hamas* furieux, qui fuyoient devant nous, pouvoient nous être ſoumis ; paiſibles témoins de la grandeur de nos peres, euſſions-nous ſervi de triomphe à ces barbares ?

Il ſemble en effet, Kanhuiſcap, que la Nature n'ait point de voile pour ces peuples ; ſes actions les plus cachées leur ſont connues. Ils liſent au plus haut des Cieux, & dans les plus profonds abîmes ; & il ſemble qu'il n'appartienne plus à la Nature de changer ce qu'ils ont une fois prévu.

LETTRE SEIZIEME.

Au même.

Pratiques de Religion hypocrites & superstitieuses chez les Espagnols. Réflexions sensées d'Aza sur les Auto-da-Fè.

L'AUROIS-JE pu penser, Kanhuiscap, que ces peuples que la raison elle-même semble éclairer, fussent les esclaves des sentimens de leurs ancêtres? Quelque fausse qu'elle soit, une opinion reçue doit être suivie. On ne peut la combattre sans risquer d'être taxé, au moins, de singularité.

Le sentiment naturel, cette voix si distincte qui nous parle sans cesse, ce brillant flambeau est éteint par un préjugé; c'est un tyran, qui, pour être haï, n'en est pas moins puissant; un fourbe, qui, pour être connu, n'en est pas moins dangereux. Ce tyran cependant ne seroit pas difficile à vaincre, s'il n'avoit un soutien encore plus dangereux que lui, la superstition. C'est cette fausse lumière qui conduit ici la plupart des hommes, qui leur fait préférer des opinions fabuleuses à la force de la vérité. Un homme qui visitera les Temples plusieurs fois dans la journée, s'il y paroît dans une contenance hypocrite & outrée, quelque vice dont il soit la proie, quelque crime qu'il commette, sera généralement estimé, tandis que le plus vertueux, qui aura secoué le joug des préjugés, ne s'attirera que des mépris. L'homme d'esprit ne doit point écouter les préjugés. L'homme sans préjugé passe ici pour un impie. Il n'est pas permis de n'être ici que ce qu'on appelle sage ; il faut ajouter à ce titre celui de dévot, ou l'on vous gratifie du nom de libertin. Les distributeurs de l'estime publique, ces gens si méprisables par eux-mêmes, n'admettent jamais de classe intermédiaire. N'être ni dévot, ni libèrtin, c'est pour eux un problême ; c'est être à leurs yeux éblouis, ce que leur sont les amphibies, un monstre.

Les Espagnols ont deux Divinités, l'une préside à la vertu, l'autre au crime. Si, sans affectation, vous vous contentez de sacrifier intérieurement à la première, on vous taxe bientôt d'adorer l'autre. Ce n'eſt pas que l'empire de la vertu ſoit abſolu. Ses Sujets ont beaucoup à redouter de la part du Dieu du crime ; car ils ſont toujours obligés de paroître en public avec des armes propres à le combattre, & qui ne ſuffiſent pas toujours pour lui réſiſter. On arrêta l'autre jour un homme qui avoit commis pluſieurs crimes, & l'on diſoit hautement qu'il falloit que le Diable l'eût conduit à cet excès d'abomination ; il avoit cependant attaché à ſon col une ſorte de cordon, qui avoit été conſacré par des *Cucipatas* au Dieu de bonté. Il tenoit d'une main des grains enfilés dans un autre cordon, qui avoient le pouvoir d'éloigner le moteur de ſes forfaits, & de l'autre le poignard qui lui avoit ſervi à les commettre.

Je fus conduit hier dans une grande place, où une quantité prodigieuſe de peuple témoignoit une joie extrême, en voyant brûler pluſieurs de leurs ſemblables. L'habit ſingulier dont ils étoient revétus, l'air ſatisfait des ſacrificateurs qui les conduiſoit comme en triomphe, me les firent prendre pour des victimes que ces ſauvages alloient immoler à leurs Dieux. Quel fut mon étonnement ; quand j'appris que le Dieu de ces barbares avoit en horreur, non-ſeulement le ſang des hommes, mais encore celui des animaux ! De quelle horreur ne fus-je pas ſaiſi moi-même, quand je me reſſouvins que c'étoit au Dieu de bonté que des Prêtres déréglés alloient faire ces odieux ſacrifices ! Ces Cucipatas comptent-ils appaiſer leur Dieu ? L'expiation même doit plus l'offenſer, que les crimes qui ont pu l'irriter contre eux. Kanhuiſcap ! quelle erreur déplorable !

LETTRE DIX-SEPTIEME.

Au même.

Aza continue de communiquer à son ami ses idées sur les connoissances Philosophiques qu'il acquiert.

LE desir que tu parois avoir de t'instruire, fidèle ami, me satisfait autant qu'il m'embarrasse. Tu me demandes des certitudes, des éclaircissemens sur les découvertes dont je t'ai fait part : tes doutes sont excusables ; mais je ne puis satisfaire à ce que tu exiges. Je l'eusse fait il y a peu de tems. Je concevois les choses plus aisément que je ne les écrivois, & mon esprit, plus prompt que ma main, trouvoit l'évidence où il ne trouve plus que l'incertitude. Il y a deux jours que je voyois la terre ronde ; on me persuade à présent qu'elle est plate. De ces deux idées, ma raison n'en admet qu'une indubitable, qui est qu'elle ne peut être à la fois l'une & l'autre. C'est ainsi que souvent l'erreur conduit à l'évidence.

Le Soleil tourne autour de la Terre ; me disoit, il y a quelque tems, un de ces hommes qu'on appelle Philosophes. Je le croyois, il m'avoit convaincu. Un autre vint, me dit le contraire. Je fis appeller le premier, & m'établis pour juge de leurs différends. Ce que je pus apprendre de leurs disputes, fut qu'il étoit possible que l'une & l'autre planette fît cette circonvolution, & que l'ancêtre d'un des disputans étoit *Alguasil.*

Voilà tout ce que m'enseigne le commerce de ces gens, dont la science m'avoit d'abord surpris ; l'estime particulière que l'on fait d'eux, est un de mes étonnemens. Est-il possible qu'un peuple si éclairé fasse tant de cas de personnes qui n'ont d'autre mérite que celui de penser ? Il faut que la raison soit quelque chose de bien rare pour lui.

Un homme pense singulièrement, parle peu, ne rit jamais, raisonne toujours ; orgueilleux, mais pauvre, il ne peut se faire remarquer par des habits brillans : il y supplée, & se distingue par de vils lambeaux. C'est un Philosophe, il a droit d'être impudent.

Un autre, jeune encore, veut faire

de la Philoſophie une femme de Cour. Il la cache ſous de riches habits, la farde, la pretentaille : elle eſt enjouée, coquette, ſes parfums annoncent ſes pas. Les gens accoutumés à juger ſur les apparences, ne la reconnoiſſent plus. Le Philoſophe n'eſt qu'un fat. Le ſoupçonner de penſer, autant vaudroit l'accuſer d'être conſtant.

Zaïs avoit des vapeurs, me diſoit Alonzo ; il leur falloit donner un prétexte. La Philoſophie en parut un plauſible à Zaïs. Elle n'oublia rien pour paſſer pour Philoſophe. Elle ſe le croyoit déjà. Le caprice, la miſanthropie, l'orgueil la mettoient en poſſeſſion de ce titre. Il ne lui manquoit plus que de trouver un amant auſſi ſingulier qu'elle. Elle a réuſſi.

Zaïs & ſon amant compoſent une Académie. Leur château eſt un Obſervatoire. Quoique déjà ſur l'âge, dans ſes jardins, Zaïs eſt Flore : ſur ſon balcon, c'eſt Uranie. De ſon amant diſgracieux, autant que ſingulier, elle fait un Céladon. Que manque-t-il à un ſpectacle auſſi ridicule ? Des ſpectateurs.

La Philoſophie, Kanhuiſcap, eſt moins ici l'art de penſer, que celui de penser singulièrement. Tout le monde est Philosophe ; le paroître, n'est cependant pas, comme tu vois, une chose facile.

LETTRE DIX-HUITIEME.

Au même.

Procédés des Espagnols à l'égard de leurs femmes. Amours de leurs Religieuses.

DE tout ce qui frappe mes yeux étonnés, Kanhuiscap, rien ne me surprend davantage que la manière dont les Espagnols se comportent avec leurs femmes. Le soin particulier qu'ils ont de les cacher sous d'immenses draperies, me feroit presque croire qu'ils en sont plutôt les ravisseurs que les époux. Quel autre intérêt pourroit les animer, si ce n'est la crainte que de justes possesseurs ne revendiquent un bien qui leur a été ravi ; quelle honte trouvent-ils à se parer des dons de l'amour ?

Ils ignorent, ces barbares, le plaisir

de ſe faire voir auprès de ce qu'on aime, de montrer à l'Univers entier la délicateſſe de ſon choix, ou le prix de ſa conquête, de brûler en public de feux allumés dans le ſecret, & de voir perpétuer dans mille cœurs des hommages qu'un ſeul ne peut rendre à la beauté. Zilia ! ô ma chere Zilia ! Dieux injuſtes & cruels ! pourquoi me priver encore de ſa vue ? Mes regards, unis aux ſiens par la tendreſſe & le plaiſir, apprendroient à ces hommes groſſiers, qu'il n'eſt point d'ornemens plus précieux que les chaînes de l'Amour.

Je crois cependant que la jalouſie eſt le motif qui porte les Eſpagnols à cacher ainſi leurs femmes, ou plutôt que c'eſt la perfidie des femmes qui force les maris à cette tyrannie. La foi conjugale eſt celle que l'on jure le plus aiſément. Faut-il s'étonner qu'on la garde ſi peu ? On voit tous les jours ici deux riches héritiers, s'unir ſans goût, habiter enſemble ſans amour, & ſe ſéparer ſans regret. Quelque peu malheureux que te paroiſſe cet état, il eſt cependant infortuné. Etre aimé de ſa femme, n'eſt point un bonheur ; c'eſt un malheur d'en être haï.

La virginité preſcrite par la Religion, n'eſt pas mieux gardée que la tendreſſe conjugale, ou du moins ne l'eſt-elle qu'extérieurement.

Il y a ici, de même qu'à la ville du Soleil, des Vierges conſacrées à la Divinité. Elles voient cependant les hommes familièrement; une grille ſeulement les ſépare. Je ne ſçaurois cependant deviner le motif de cette ſéparation; car ſi elles ont aſſez de force pour garder la vertu au milieu des hommes qu'elles voient continuellement, de quoi ſert une grille? Et ſi l'amour entre dans leur cœur, quel foible obſtacle à lui oppoſer qu'une ſéparation excitante, qui laiſſe agir les yeux, & parler le cœur!

Des eſpèces de Cucipatas ſont aſſidus auprès de ces Vierges, qu'on appelle Religieuſes, & ſous prétexte de leur inſpirer un culte plus pur, ils font naître & excitent chez elles des ſentimens d'amour, dont elles ſont la proie. L'art, qui paroît banni de leur cœur, ne l'eſt pourtant pas de leurs habits & de leurs geſtes. Un pli qu'il faut faire prendre à un voile, un regard humble, une attitude qu'il faut étudier, en voilà aſſez pour occuper pendant le quart d'une année, le tems, les peines, & même les veilles d'une Religieuſe. Auſſi les yeux d'une Religieuſe en ſçavent-ils plus que les autres yeux. C'eſt un tableau où l'on voit peints tous les ſentimens du cœur. La tendreſſe, l'innocence, la langueur, le courroux, la douleur, le déſeſpoir & le plaiſir, tout y eſt exprimé ; & ſi le rideau ſe baiſſe un moment ſur la peinture, ce n'eſt que pour laiſſer le tems de ſubſtituer un autre tableau à ce premier. Quelle différence entre le premier regard d'une Religieuſe, & celui qui le ſuit ! Tout ce manége n'eſt cependant que l'ouvrage d'un ſeul homme. Un Cucipatas a la direction d'une Maiſon de Vierges ; toutes veulent lui plaire ; elles deviennent coquettes, & le Directeur, quelque groſſier qu'il ſoit, eſt forcé de prendre un air de coquetterie : la reconnoiſſance l'y oblige, &, sûr de plaire, il cherche encore de nouveaux moyens de ſe faire aimer, réuſſit, & ſe fait, pour ainſi-dire, adorer. Tu en jugeras par ce trait. On m'a dit qu'une de ces Vierges avoit coëffé de la chevelure d'un Moine, l'image du Dieu des Eſpagnols.

On m'a aussi fait part d'une Lettre écrite par une Religieuse au Pere T....dont voici à-peu-près le contenu.

« Jesus, mon Pere ! que vous êtes in-» juste ! Dieu m'est témoin que le Pere » *Ange* ne m'occupe pas un seul instant, » & que, loin d'avoir été enlevée par » son sermon jusques à l'extase (comme » vous me le reprochez), je n'étois, » pendant son discours, occupée que de » vous. Oui, mon Pere, un seul mot » de votre bouche fait plus d'impression » sur mon cœur, sur ce cœur que vous » conoissez si peu, que tout ce que le » Pere Ange pourroit me dire pendant » des années entières, quand même ce » seroit dans le petit parloir de Madame, » & qu'il croiroit s'entretenir avec elle... » Si mes yeux sembloient s'enflâmer, » c'est que j'étois avec vous lorsqu'il prê-» choit. Que ne pénétrez-vous dans mon » cœur pour lire mieux ce que je vous » écris. Cependant vous êtes venu au » parloir, & vous ne m'avez pas deman-» dée : m'auriez-vous oubliée ? Ne vous » souviendroit-il plus ? . . . Vous ne me » regardâtes pas une seule fois hier pen-» dant le salut. Dieu voudroit-il m'affliger » au

» au point de me priver des consolations » que je reçois de vous ? Au nom de » Dieu, mon Pere, ne m'abandonnez » pas dans la langueur où je suis plongée. » Je suis à faire pitié, tant je suis dé- » faite, & si vous n'avez compassion de » moi, vous ne reconnoîtrez bientôt » plus l'infortunée Thérésa.

» Notre Tourière vous remettra un » gâteau d'amandes de ma façon. Je joins » à cette lettre un billet que la sœur A.... » écrit au Pere Don X... J'ai eu le secret » de l'intercepter. Je crois qu'il vous » amusera. Ah! que .... L'heure sonne : » Adieu ».

Après cela, Kanhuiscap, pourras-tu t'empécher de convenir que les Espagnols sont aussi ridicules dans leurs amours, qu'insensés dans leurs cruautés. La maison d'Alonzo est, je crois, la seule où règne la droiture & la saine raison. Je ne sçais cependant que penser des regards de Zulmire : trop tendres pour n'être que l'effet de l'art, ils sont trop étudiés pour être conduits par le cœur,

LETTRE DIX-NEUVIEME.

Au même.

Réflexions d'Aza sur le vuide des connoissances Métaphysiques.

PENSER est un métier, ſe connoître eſt un talent. Il n'eſt pas donné à tous les hommes, Kanhuiſcap, de lire dans leurs propres cœurs. Des eſpèces de Philoſophes ont ſeuls içi ce droit, ou plutôt celui d'embrouiller ces connoiſſances. Loin de s'attacher à corriger les paſſions, ils ſe contentent de ſçavoir ce qui les produit, & cette ſcience qui devroit faire rougir les vicieux, ne ſert qu'à leur faire voir qu'ils ont un mérite de plus ; le talent infructueux de connoître leurs défauts.

Les Métaphyſiciens (c'eſt le nom de ces Philoſophes) diſtinguent dans l'homme trois parties, l'ame, l'eſprit & le cœur ; & toute leur ſcience ne tend qu'à ſçavoir laquelle de ces trois parties produit telle ou telle action. Cette découverte une fois faite, leur orgueil devient inconcevable. La vertu n'est, pour ainsi dire, plus faite pour eux ; il leur suffit de sçavoir ce qui la produit. Semblables à ces gens qui se dégoûtent d'une liqueur excellente, à l'instant qu'ils apprennent qu'elle vient d'un païs peu renommé.

C'est par le même principe, qu'enivré d'un sçavoir qu'il croit rare, un Métaphysicien ne laisse point échapper l'occasion de faire voir sa science. S'il écrit à sa Maitresse, sa lettre n'est autre chose que l'analyse exacte des moindres facultés de son ame.

La Maitresse se croit obligée de répondre sur le même ton, & ils s'embrouillent tous les deux dans des distinctions chimériques, & des expressions que l'usage consacre, mais qu'il ne rend point intelligibles.

Les réflexions que tu fais sur les mœurs des Espagnols, te conduiront bientôt à celles que je viens de faire,

Que mon cœur n'est-il libre, généreux ami ! Je te peindrois avec plus de force des pensées qui n'ont point d'autre ordre, que celui que je peux leur donner dans l'agitation où je suis. Le tems approche où mes malheurs vont finir. Zilia enfin va paroître à mes yeux impatiens : l'idée de ce plaisir trouble ma raison. Je vole sur ses pas ; je la vois partager mon impatience, mes plaisirs ; de tendres larmes coulent de nos yeux. Réunis après nos malheurs.... Quel trait douloureux a passé dans mon ame, Kanhuiscap ! Dans quel état affreux va-t-elle me trouver ! Vil esclave d'un barbare, dont elle porte peut-être les fers, à la Cour d'un vainqueur orgueilleux, reconnoîtra-t-elle son amant ? Peut-elle croire qu'il respire encore ? Elle est dans l'esclavage. Croira-t-elle que des obstacles assez forts ont pu... Kanhuiscap, que dois-je attendre ? quel sort m'est réservé ? Quand j'étois digne d'elle, Dieu cruel ! tu l'arrachas de mes bras. Ne me feras-tu retrouver en elle qu'un témoin de plus de mon ignominie ? Et toi qui me rends l'objet de mon amour, élément barbare, me rendras-tu ma gloire ?

LETTRE VINGTIEME.

Au même.

Déſeſpoir d'Aza, qui croit Zilia engloutie dans les eaux.

QUEL Dieu cruel m'arrache à la nuit du tombeau ? quelle pitié perfide me fait revoir le jour que je déteſte ? Kanhuiſcap, mes malheurs renaiſſent avec mes jours, & mes forces s'augmentent avec l'excès de ma triſteſſe.... Zilia n'eſt plus.... O déſeſpoir affreux ! ô cruel ſouvenir ! Zilia n'eſt plus.... & je reſpire encore ! & mes mains, que ma douleur devroit enchaîner, peuvent encore former ces nœuds que le trouble conduit, que les larmes arroſent, & que le déſeſpoir t'envoie !

En vain le Soleil a parcouru le tiers de ſa courſe depuis que tu as déchiré mon cœur avec le trait le plus funeſte ; en vain l'abattement, l'inéxiſtence ont captivé mon ame juſqu'à ce jour. Ma douleur, inutilement retenue, n'en devient que plus vive. J'ai perdu Zilia ; un eſpace immenſe de tems ſemble nous ſeparer, & je la perds encore en ce moment. Le coup affreux qui me l'a ravie, l'élément perfide qui la renferme, tout ſe préſente à ma douleur. Sur des flots odieux je vois Zilia emportée.... Le Soleil s'obſcurcit d'horreur dans des abîmes profonds ; la mer, qui s'ouvre, cache ſon crime à ce Dieu ; mais elle ne peut me le dérober. A travers les eaux je vois le corps de Zilia, ſes yeux.... ſon ſein.... une pâleur livide.... Ami !.... mort inexorable !.... mort qui me fuit !.... Dieux, plus cruels dans vos bontés que dans vos rigueurs ! Dieux ; qui me laiſſez la vie, ne réunirez-vous jamais ceux que vous ne pouvez ſéparer ?

En vain, Kanhuiſcap, j'appelle la mort, elle s'éloigne de moi ; la barbare eſt ſourde à ma voix, & garde ſes traits pour ceux qui les évitent.

Zilia ! ma chère Zilia ! entends mes cris, vois couler mes pleurs ; tu n'es plus, je ne vis que pour en répandre : que ne puis-je me noyer dans le torrent qu'elles vont former !.... que ne puis-je !...

Quoi ! tu n'es plus, ame de mon ame ! Tu .... Mes mains me refusent leur secours .... ma douleur m'accable .... L'affreux désespoir .... les larmes .... l'amour ... un froid inconnu.... Zilia !.... Kanhuiscap !.... Zilia !....

LETTRE VINGT-UNIEME.

Au même.

Aza rétabli d'une maladie dangereuse par les soins d'Alonzo & de Zulmire.

QUEL va être ton étonnement, Kanhuiscap, lorsque ces nœuds, que ma main peut à peine former, t'apprendront que je respire encore ! ma douleur, mon désespoir, le tems que j'ai passé sans t'instruire de mon sort, tout a dû t'en confirmer la fin. Termine des regrets dus à l'amitié, à l'estime, au malheur : mais que le jour dont je jouis encore ne te fasse pas déplorer ma foiblesse : vainement la perte de Zilia devroit être celle de ma vie ; les Dieux, qui sembloient devoir excuser le crime qui m'eût donné la mort, m'ont ôté la force de le commettre.

Abattu par la douleur, à peine ai-je senti les approches d'une mort qui alloit enfin terminer mes malheurs. Une maladie dangereuse accabloit mon corps, & m'eût conduit au tombeau, si le funeste secours d'Alonzo n'eût reculé le terme de mes jours.

Je respire ; mais ce n'est que pour être la proie des tourmens les plus cruels. Tout m'importune dans l'état affreux où je suis. L'amitié d'Alonzo, la douleur de Zulmire, leurs attentions, leurs larmes, tout m'est à charge. Seul avec moi-même au milieu des hommes qui m'environnent, je ne les apperçois que pour les fuir. Puisse, Kanhuiscap, un ami moins malheureux te récompenser de ta vertu. Amant trop infortuné pour être ami sensible, puis-je goûter les douceurs de l'amitié, quand l'amour me livre aux plus cruelles douleurs ?

LETTRE VINGT-DEUXIEME.

Au même.

Alonzo & Zulmire cherchent à dissiper la douleur d'Aza.

ENFIN l'amitié me rend à toi, à moi-même, Kanhuiscap : trop touché de mes maux, Alonzo a voulu les dissiper, ou du moins partager avec moi ma tristesse. Dans ce dessein il m'a conduit dans une maison de campagne à quelques lieues de Madrid. C'est-là que j'ai goûté le plaisir de ne rencontrer rien qui ne répondît à l'abattement de mon cœur. Un bois, voisin du Palais d'Alonzo, a été long-tems le dépositaire de mes tristesses secrettes. Là, je ne voyois que des objets propres à nourrir ma douleur. Des rochers affreux, de hautes montagnes dépouillées de verdure, des ruisseaux épais qui couloient sur la bourbe, des pins noircis, dont les tristes rameaux sembloient toucher les Cieux, des gazons arides, des fleurs desſéchées, des corbeaux & des ſerpens, y étoient les ſeuls témoins de mes pleurs.

Alonzo ſçut bientôt m'arracher, malgré moi, de ces triſtes lieux. Ce fut alors que je vis combien les maux ſont ſoulagés quand on les partage, & combien je devois aux tendres ſoins de Zulmire & d'Alonzo. Où prendrai-je des couleurs aſſez vives pour te peindre, Kanhuiſcap, la douleur que leur cauſent mes malheurs? Zulmire, la tendre Zulmire les honore de ſes larmes. Peu s'en faut que ſa triſteſſe n'égale la mienne. Pale, abattue, ſes yeux s'uniſſent aux miens pour verſer des pleurs, tandis qu'Alonzo déplore mon infortune.

LETTRE VINGT-TROISIEME.

Au même.

Amour de Zulmire pour Aza, & ses suites.

ZULMIRE, dont les soins étoient tous pour le malheureux Aza, Zulmire, qui partageoit mes maux, qui trembloit pour mes jours, va finir les siens : chaque instant augmente ses dangers, & diminue sa vie.

Cédant enfin à la tendresse, aux prières de son pere gémissant à ses pieds, sans espoir de la secourir, & plus encore peut-être aux mouvemens de son cœur, Zulmire a parlé. C'est moi, c'est Aza, que l'infortune ne peut abandonner, qui porte la mort dans son sein ; c'est ce malheureux, dont le cœur déchiré ne respire que par le désespoir, & dont l'amour a changé tout le sang en un poison cruel.

Je ravis Zulmire à son pere, à mon

ami : elle m'aime, elle meurt; Alonzo va la ſuivre : Zilia ne vit plus.

J'ai ſenti tes douleurs; viens partager mes peines, (m'a dit ce pere déſolé), viens me rendre & ma vie & ma fille, malheureux dont je plains l'infortune, dans l'inſtant même où je viens te prier de ſoulager la mienne. Sois ſenſible à l'amitié, tu le peux. La plus belle des vertus ne ſçauroit nuire à ton amour. Viens, ſuis-moi. A ces mots qui terminèrent ſes ſanglots précipités, il me conduit dans l'appartement de ſa fille. Attendri, accablé, j'entre en frémiſſant. La pâleur de la mort étoit répandue ſur ſes traits; mais ſes yeux éteints ſe raniment à ma vue : il ſemble que ma préſence redonne la vie à cette infortunée.

Je meurs, me dit-elle, d'une voix entrecoupée; je ne te verrai plus : voilà tous mes regrets. Du moins, Aza, avant ma mort, je puis te dire que je t'aime. Je puis.... oui, ſouviens-toi que Zulmire emporte au tombeau l'amour qu'elle n'a pu te cacher, que ſes regards, ſon cœur ont décelé tant de fois, que ton indifférence enfin.... Je ne t'en fais point de reproche; ta ſenſibilité m'auroit prouvé ton inconſtance. Tout entier à un autre, la mort n'a pu t'en ſéparer : elle ne m'ôtera jamais l'amour que j'ai pour toi. Je la préfere à la guériſon d'un mal que je chéris ; d'un mal.... Aza.... Elle me tend une de ſes mains ; ſes forces l'abandonnent, elle tombe, ſes yeux ſe ferment ; mais tandis que je me reproche ſa mort, que je joins mes ſoins à ceux de ſon pere déſeſpéré, d'autres ſecours la rappellent à la vie. Ses yeux ſont r'ouverts, &, quoiqu'éteints encore, s'attachent ſur moi, & me peignent l'amour le plus tendre. Aza! Aza! me dit-elle encore, ne me haïſſez point. Je me jette à ſes genoux, touché de ſon ſort. Une joie ſubite éclate dans ſes regards; mais ne pouvant ſoutenir tous les mouvemens que ſon ame éprouve, elle retombe : l'on m'entraîne pour lui ſauver des agitations dangereuſes.

Que peux-tu penſer, Kanhuiſcap, des nouveaux malheurs dont je ſuis la proie, de la peine cruelle que je répands ſur ceux à qui je dois tout ? Cette nouvelle douleur vient ſe joindre à celles qui m'accompagnent dans les triſtes déſerts, où l'amour, la mort & le déſeſpoir me ſuivent ſans ceſſe.

LETTRE VINGT-QUATRIEME.

Au même.

Zulmire rendue à la santé.

AMI, le ſort d'Alonzo eſt changé. La douleur qui l'accabloit a fait place à la joie : Zulmire, prête à deſcendre au tombeau, eſt rappellée à la vie. Ce n'eſt plus cette Zulmire, que la langueur réduiſoit au trépas ; ſes yeux ranimés font briller les graces & la beauté dont ſa jeuneſſe eſt parée.

Tandis que j'admire ſes charmes renaiſſans, le croiras-tu ? loin de me parler de ſon amour, il ſemble au contraire qu'elle ſoit confuſe de l'aveu qui lui eſt échappé. Ses yeux ſe baiſſent toutes les fois qu'ils rencontrent les miens. Mes peines ſont ſuſpendues : mais hélas ! que ce calme eſt court ! Zilia, ma chere Zilia, puis-je me ſouſtraire à ma douleur ? Pardonne-moi les inſtans que je lui ai dérobés. Je lui conſacre déſormais tous ceux que me laiſſe mon infortune.

Ne crois pas, Kanhuiſcap, que les craintes qu'Alonzo me témoigne pour Zulmire, puiſſent ébranler ma conſtance. En vain il me repréſente l'empire d'Aza ſur le cœur de ſa fille, la joie que lui cauſeroit notre union, la mort qui ſuivra notre ſéparation ; je me tais devant ce pere malheureux. Mon cœur, fidèle à ma tendreſſe, eſt ferme, inébranlable pour Zilia. Non, c'eſt en vain qu'Alonzo, prêt à partir pour cette terre infortunée qui ne verra plus Zilia, m'offre le pouvoir que ſon injuſte Roi lui donne ſur mes Peuples. C'eſt reconnoître un tyran, que de ſe ſervir de ſa puiſſance. Les chaînes peuvent accabler mon bras ; mais elles ne captiveront jamais mon cœur. Jamais je n'aurai pour le chef barbare des Eſpagnols, que la haîne que je dois au maître d'un peuple qui cauſa mes malheurs, & ceux de ma triſte Patrie.

LETTRE VINGT-CINQUIEME.

Au même.

Aza conçoit le dessein d'épouser Zulmire, & par quel motif.

MES yeux sont ouverts, Kanhuiscap; les feux de l'amour cedent, sans s'éteindre, au flambeau de la raison.

O flammes immortelles, qui dévorez mon sein! Zilia! toi dont rien ne peut me ravir l'image, qu'un destin fatal m'arrache pour jamais; ne vous offensez point, si le desir de vous venger m'excite à vous trahir.

Ne me dis plus, Kanhuiscap, ce que je dois à mes peuples, à mon pere; ne me parle plus de la tyrannie des Espagnols. Puis-je oublier mes malheurs & leurs crimes? Ils m'ont coûté trop cher. Ce souvenir cruel irrite ma fureur. C'en est fait, j'y consens; je vais m'unir à Zulmire. Alonzo, je te l'ai promis. Est-ce donc un crime, de laisser à Zulmire une erreur qui lui est chère ? Elle croit triompher de mon cœur. Ah! loin de la désabuser, qu'elle jouisse de son bonheur imaginaire ; qu'elle.... Ce n'est que par ce moyen que je puis venger, & mes peuples opprimés, & moi-même. Dès l'instant de nôtre union, je serai conduit à la terre du Soleil, à cette terre désolée, dont tu me traces les malheurs. C'est-là que je ferai éclatter la vengeance dont je dérobe encore les violens transports. C'est sur une nation perfide que vont tomber ma fureur & mes coups. Réduit à la bassesse d'un vil esclave, à feindre enfin pour la première fois, j'irai punir les Espagnols de ma trahison & de leurs forfaits, tandis que la famille d'Alonzo éprouvera tout ce que peut un cœur reconnoissant, & les hommages que l'on doit rendre à la vertu.

LETTRE VINGT-SIXIEME.

Au même.

Aza dégagé des préjugés de Religion dans lesquels il avoit été élevé.

Si tu étois un de ces hommes que le seul préjugé conduit, je me peindrois ta surprise, lorsque tu apprendras d'un Incas qu'il n'adore plus le Soleil. Je te verrois déjà te plaindre à cet astre de la lumière qu'il me laisse, & à toi-même des soins dont tu accompagnes tes sentimens. Tu t'étonnerois que, parjure à mon Dieu, l'amitié, cette vertu que le crime ignore, puisse demeurer dans mon sein. Mais rassuré contre des préjugés que l'on t'avoit fait prendre pour des vertus, tu ne gardes d'un Péruvien que l'amour de la patrie, de la vertu & de la franchise. J'attends de toi des reproches plus justes. Tu t'étonnes peut-être avec raison de me voir abandonné au culte qui m'a paru grossier, zélé pour une Religion dont je t'ai fait voir les contradictions. Je me suis fait cette objection à moi-même : mais qu'elle a été bientôt levée, quand j'ai appris que c'étoit ce Dieu qui étoit l'auteur de notre vie, qui avoit dicté cette loi, & dont j'avois eu l'audace de blâmer la conduite ! Qu'importe en effet qu'un honneur soit ridicule, s'il est exigé par celui à qui on le rend ? C'est par ce principe que je n'ai point rougi de me conformer à des usages que j'avois condamnés. Que les ouvrages de l'Etre suprême sont respectables, qu'ils sont grands ! Si tu pouvois lire, Kanhuiscap, les livres divins qui m'ont été confiés, quelle sagesse, quelle majesté, quelle profondeur n'y trouverois-tu point ? Tu y reconnoitrois aisément l'ouvrage de la Divinité. Ces contradictions invincibles, que je trouvois d'abord dans la conduite de ce Dieu, y sont évidemment justifiées. Il n'en est pas de même de la conduite des hommes envers leur Dieu.

Ne crois pas qu'aussi crédules que nous le sommes d'ordinaire, je tienne ce que je t'écris du seul rapport d'un Prêtre. J'ai toujours trop reconnu les mensonges de nos Cucipatas, pour ajouter foi aux fables de leurs semblables.

Le haut rang qu'ils tiennent chez toutes les Nations, les engage à les tromper, & leur grandeur n'est souvent fondée que sur l'erreur des peuples ambitieux : il leur en coûteroit trop, s'il falloit que la vertu leur donnât l'empire du monde; ils aiment mieux le devoir à l'imposture.

LETTRE VINGT-SEPTIEME.

Au même.

Trouble d'Aza, prêt à épouser Zulmire.

C'EN est fait, Kanhuiscap ; Zulmire m'attend. Je marche à l'Autel. Déjà tu m'y vois ; mais vois-tu les remords qui m'accompagnent ? Vois-tu les Autels tremblans à la vue du parjure ; l'Ombre de Zilia sanglante, indignée, éclairant cet hymenée d'un lugubre flambeau ? Entends-tu sa voix lamentable ? « Est-

» ce-là, dit-elle, cette foi que tu m'a-
» vois jurée, perfide ! cet amour qui de-
» voit même ranimer nos cendres ? Tu
» m'aimes, dis-tu ; tu ne donnes que ta
» main à Zulmire. Tu m'aimes, per-
» fide ! & tu donnes à un autre un bien
» dont je n'ai pu jouir ! Si je vivois en-
» core. . . . . . » Quelles furies, Kanhuiſcap, ne déchirent point mon ſein ! Je vois Zulmire abuſée, me demander un cœur ſur lequel elle a des droits légitimes. Mon pere & mes peuples, accablés ſous un joug cruel, regretteront en moi leur libérateur. Je vois ma promeſſe enfin. . . . Je cours y ſatisfaire.

LETTRE VINGT-HUITIEME.

Au même.

Aza instruit de l'arrivée de Zilia en France, quitte Alonzo & Zulmire, pour se rendre auprès d'elle.

ZILIA respire. Quel Messager assez prompt pourra porter jusqu'à toi l'excès de ma joie? Kanhuiscap, toi qui ressentis mes malheurs, jouis des transports de mon ame. Que les flammes qui l'embrâsent volent & portent dans ton sein l'excès de ma félicité.

La mer, nos ennemis, la mort, non, rien ne m'a ravi l'objet de mon amour. Elle vit, elle m'aime; juge de mes transports.

Conduite dans un Etat voisin, en France, Zilia n'a éprouvé d'autre malheur que celui de notre séparation & de l'incertitude de mon sort. Combien les Dieux protègent la vertu! Un généreux François l'a délivrée de la barbarie des Espagnols.

Tout étoit prêt pour m'unir à Zulmire. J'allois, ô Dieux! .... quand j'appris que Zilia vivoit, qu'elle alloit me rejoindre. Nul obſtacle ne peut la retenir. Je la verrai. Sa bouche me répétera les tendres ſentimens que ſa main a tracés, je pourrai à ſes pieds...... Ciel! je tremble d'un projet qui cauſe toute ma joie. Mon bonheur m'aveugle. Zilia viendroit au milieu de ſes ennemis! De nouveaux dangers! ...... Elle ne partira point. Je vais la prévenir. Qui pourroit m'arrêter? Alonzo, Zulmire, les Dieux ont dégagé ma foi. Zilia reſpire. Je la reçois des mains de la vertu. En vain la reconnoiſſance, l'eſtime, l'amitié la portoient à répondre aux ſentimens de Déterville ſon libérateur, elle leur oppoſoit notre amour, & les forçoit à reſpecter nos feux. Combat glorieux! Effort que j'admire! Déterville étouffe ſon amour, il oublie les droits qu'il a ſur elle: apprends ſa générofité, il nous réunit.

Zilia! Zilia! je vais jouir de mon bonheur. Je vole te prévenir, te voir, & mourir de plaiſir à tes pieds.

LETTRE VINGT-NEUVIEME.

Au même.

Aza jaloux de Déterville, & par quel motif.

N'ACCUSE, ami, que Zilia de mon silence. Je l'ai vue, je n'ai vu qu'elle. N'attends pas que je t'exprime les transports, les ravissemens où me livra le premier moment qui l'offrit à ma vue; il faudroit, pour les sentir, aimer Zilia, comme je l'aime. Falloit-il que des tourmens inconnus vinssent troubler une félicité si pure?

Du sein des plaisirs au comble des douleurs, il n'y a donc point d'intervalle. Après tant de volupté, mille traits déchirent mon cœur. Ma tendresse m'est odieuse, & quand je veux ne point aimer, je sens toute la fureur de l'amour.

J'ai pu soutenir la douleur de la perte de Zilia; je n'ai pu supporter celle que j'envisage. Elle ne m'aimeroit plus!... O pensée accablante! Lorsque je parus à ses yeux, l'Amour versa dans mon ame, d'une main les plaisirs, de l'autre la douleur.

Dans les premiers transports d'un bonheur si pur, que je ne puis même t'en exprimer la douceur, Zilia s'est échappée de mes bras, pour lire une lettre qu'une jeune personne qui m'avoit conduit, lui avoit donnée. Inquiette, troublée, attendrie, les larmes qu'elle venoit de donner à la joie, ne couloient déjà plus que pour la douleur. Elle en inondoit cette lettre fatale. Ses larmes me faisoient craindre pour elle des malheurs. L'ingrate goûtoit des plaisirs; la douleur que je partageois étoit le triomphe de mon rival. Déterville, ce libérateur, dont les lettres de Zilia m'ont répété tant de fois les éloges, avoit écrit celle-ci. La passion la plus vive l'avoit dictée: en s'éloignant d'elle, après lui avoir rendu son rival, il mettoit le comble à sa générosité, & à la douleur de Zilia. Elle sçut me l'expliquer avec une vivacité, des expressions au dessus de la reconnoissance. Elle me força d'admirer des vertus qui, dans cet instant cruel, me donnoient la mort. Ma douleur alors emprunta le ſecours d'un froid inébranlable. Je me derobai bientôt à Zilia. Rempli de mon déſeſpoir, rien ne peut plus m'en délivrer. Chaque réflexion que je fais eſt une douleur ; elle m'arrache mon eſpérance, mon bonheur. Je perdrois le cœur de Zilia ! ce cœur.... Idée que je ne puis ſoutenir ! Mon rival ſeroit heureux ! Ah ! c'eſt trop que de ſentir qu'il mérite de l'être.

Jalouſie affreuſe ! tes ſerpens cruels ſe ſont gliſſés dans mon cœur. Mille craintes, de noirs ſoupçons.... Zilia, ſes vertus, ſa tendreſſe, ſa beauté, mon injuſtice peut-être, tout m'agite, me tourmente, me perd. Ma douleur ſe cache en vain ſous une tranquillité apparente. Je veux parler, me plaindre, éclater en reproches, & je me tais. Que dire à Zilia ? Puis-je lui reprocher l'amour qu'elle inſpire à Déterville que la vertu conduit. Elle ne partage pas ſa tendreſſe. Mais pourquoi lui prodiguer des louanges, répéter ſans ceſſe ſon éloge ?.... Amour, ſource de mes plaiſirs, devrois-tu l'être de mes maux ?

LETTRE TRENTIEME.

Au même.

La jalousie d'Aza augmente ; il croit Zilia infidelle.

OU suis-je, Kanhuiscap ? Quels tourmens traine-je après moi ? mon ame est embrâsée de la plus cruelle fureur. Zilia, pâle, inquiette, soupire l'absence de mon rival. Déterville, en fuyant, remporte la victoire. Ciel ! sur qui tombera ma rage ? Il est aimé, Kanhuiscap ; tout me l'apprend. La barbare ne cherche point à me cacher son infidélité. Restes encore précieux de l'Innocence ; lorsqu'elle connoît le crime, elle déteste l'imposture. Je lis son parjure dans ses yeux. Sa bouche même ose me l'avouer, en répétant sans cesse ce nom que j'abhorre. Où fuir ? Je souffre près de Zilia des tourmens affreux, & loin d'elle je meurs.

Quand, séduit par la douceur de ses regards, elle répand pour un instant quelque tranquillité dans mon ame, je crois en être aimé. Ce plaisir me plonge dans un ravissement qui m'interdit. Je reviens, je veux parler. Je commence, m'interromps, me tais. Les sentimens qui se succèdent tour-à-tour dans mon cœur, me troublent, m'égarent. Je ne puis m'exprimer. Un souvenir funeste, Déterville, un soupir de Zilia, raniment des transports que je veux calmer en vain. Les ombres mêmes de la nuit ne peuvent me dérober à leur violence. Si je me livre un moment au sommeil, Zilia infidelle vient m'en arracher. Je vois Déterville à ses pieds; elle l'écoute avec plaisir. L'affreux sommeil fuit loin de moi. La lumiere m'offre des douleurs nouvelles. Toujours livré à la fureur de la jalousie, ses feux ont desséché jusqu'à mes larmes. Zilia, Zilia! quels maux naissent de tant d'amour? Je t'adore, je t'offense. Dieux! je te perds.

LETTRE TRENTE-UNIEME.

Au même.

Aza se reproche les effets de sa jalousie.

Zilia, Amour, Déterville, funeste jalousie! Quel égarement! un nuage me dérobe les noms que je trace. Kanhuiscap, je ne me connois plus; dans la fureur de la plus noire jalousie, je me suis armé des traits dont j'ai frappé le cœur de Zilia. Elle écrivoit à Déterville, sa lettre étoit encore dans ses mains. Un moment funeste a troublé ma raison. J'ai formé le plus indigne projet...... Ma parole, la Religion que j'ai embrassée, tout m'a servi. Les prétextes les plus vains m'ont paru des loix d'équité pour abandonner Zilia. J'en ai prononcé l'arrêt avec barbarie. Des adieux cruels..... Quel moment!... Ai-je pu?... Oui, Kanhuiscap, j'ai fui Zilia. Zilia à mes pieds, ses sanglots, les miens prêts à s'y confondre.... Déterville, quel souvenir! Furieux, j'ai fui de ses bras. Mais bientôt, vainement obstiné, je veux la revoir; tout s'y oppose : je n'ose résister. Dieux! qu'ai-je fait? Que la honte est accablante! Que le repentir est affreux!

LETTRE TRENTE-DEUXIEME.

Au même.

Aza retombe dans ses soupçons contre Zilia. Zulmire projette une vengeance éclatante.

Cesse de t'étonner de la longueur de mon silence. L'état cruel de mon cœur m'a-t-il permis de t'instruire plutôt de mon sort? Ne crois pas que, déchiré de remords, je me reproche encore de trop justes soupçons. C'est Zilia, c'est son perfide cœur, & non pas le mien qu'ils doivent dévorer. Oui, Kanhuiscap, ses soupirs, ses pleurs & ses cris n'étoient que l'effet de la honte, traces que la vertu qui fuit laisse encore dans les cœurs.

C'eſt pour les effacer, que la cruelle a refuſé de me revoir. Son obſtination m'a forcé de m'éloigner. Retiré à l'extrémité de la même ville, ignoré des hommes, tout entier à ma douleur & à mon infortune, je m'efforce d'oublier l'ingrate que j'adore. Soins inutiles! L'Amour, malgré nous, ſe gliſſe dans nos cœurs, & malgré nous le cruel y demeure. En vain je veux le chaſſer. La jalouſie l'y nourrit. Si je veux en bannir la jalouſie, l'amour l'y retient. Jouet déplorable de ces deux paſſions, mon ame eſt partagée entre la tendreſſe & la fureur. Tantôt je me reproche mes ſoupçons, & tantôt mon amour. Puis-je adorer une ingrate? Puis-je oublier celle que j'adore? Mais quelque amour que j'aye pour elle, rien ne peut l'excuſer. Que ne m'a-t-elle haï? On pardonne la haîne, & non pas la perfidie.

Les ſoins & l'amitié d'Alonzo ont ſçu découvrir la retraite où la douleur & tous les maux deſtructeurs de notre être me retiennent. Zulmire m'accable de reproches; elle vient de m'écrire. Je ſuis à ſes yeux un ingrat que ma parole, que ſes larmes ne peuvent rappeller. Je ne l'ai enlevée des bras de la mort, que pour la livrer à des tourmens plus cruels. Elle veut, dit-elle, venir en France, signaler sa fureur & son parjure, venger son pere & mon amour. Chaque mot de sa lettre est un trait qui me perce le cœur. Je sens trop la force du désespoir, pour n'en pas craindre les effets. Zilia est l'objet infortuné de sa rage. C'est, teinte de son sang, qu'elle veut paroître à mes yeux. Dieux vengeurs des forfaits, est-ce donc au crime que vous laissez le soin de la punir ?

Arrête, Zulmire ; épuise sur moi tous tes coups. Laisse jouir l'ingrate d'une vie dont les remords feront les châtimens. C'est ainsi que tu peux signaler ta vengeance. Mais, ô Dieux ! Zilia dans les bras d'un rival ! je frémis, malheureux que je suis ; & je tremble pour elle, quand l'ingrate me trahit. Retenu par les maux dont je suis accablé, mon corps succombe à sa foiblesse, tandis que la perfide, triomphant même de ses remords, rappelle mon rival..... Infortuné ! Je suis..... Je vis encore ! Quel malheur d'exister, à qui ne respire que par la douleur !

LETTRE TRENTE-TROISIEME.

Au même.

Innocence de Zilia. Générosité de Zulmire. Désespoir d'Aza.

QU'AI-JE dit ? Quelle horreur m'environne ? Apprends ma honte, Kanhuiscap, &, s'il se peut, mes remords avant mon crime. Odieux à moi-même, je vais le devenir à tes yeux. Cesse de plaindre mes malheurs. Mets-y le comble par ta haîne.

Zilia n'est point coupable. Ce souvenir même est pour elle un outrage. Tu connois mes soupçons ; leur injustice t'apprend mes malheurs. Ils ne s'épuisent jamais ; il en est toujours d'imprévus. Après la perfidie de Zilia, aurois-tu pensé que le Ciel eût pu me livrer à de nouveaux tourmens ? Aurois-tu cru que ce qui devoit faire mon bonheur, son innocence, fût la source la plus amère de mes maux ?

A quel égarement m'étois-je donc

livré? Quels ténébres obſcurciſſoient ma raiſon? Zilia auroit pu me trahir, j'ai pu le penſer! Elle ne veut plus me voir: mon ſouvenir lui eſt odieux: elle m'a trop aimée, pour ne me pas haïr. Abandonné à mon malheur affreux, l'amitié, la confiance, rien n'adoucit mes tourmens. J'empoiſonne ton cœur de leur amertume; & le mien n'eſt point ſoulagé.

En vain Zulmire, revenue de ſa fureur, m'apprend qu'elle la ſacrifie à mon repos & à ma félicité. Retirée dans une maiſon de Vierges, elle conſacre à ſon Dieu, à mon bonheur, ſa vie & ſes plus beaux jours.

Zulmire, généreuſe Zulmire, renonce à ta vengeance? Ah! ſi ton cœur étoit barbare, qu'il ſeroit ſatisfait de mes cruelles infortunes!

Ce n'eſt donc qu'à moi, qu'à la baſſeſſe de mes ſentimens, que je dois les maux que j'endure. Il ne manquoit à mes malheurs que d'en être moi-même la cauſe; je la ſuis. Zilia m'aimoit, je la voyois; mon bonheur étoit certain. Sa tendreſſe, ſes ſentimens, ma félicité, devoient-ils être ſacrifiés à de lâches ſoupçons ? O désespoir affreux ! j'ai fui Zilia. C'est moi. . . . Généreux ami, conçois-tu l'état où je suis ? le conçois-je moi-même ? Les regrets, l'amour, le désespoir, pour le dévorer, le disputent à mon cœur.

LETTRE TRENTE-QUATRIEME.

Aza fait à Zilia l'aveu de ses injustices, & s'efforce de la fléchir.

LA crainte de te déplaire retient encore sous mes mains tremblantes les nœuds que je forme. Ces nœuds qui firent ta consolation, tes plaisirs, Zilia, ne sont plus tissus que par la douleur & le désespoir.

Ne crois pas qu'à tes yeux je veuille dérober mon crime. Déchiré du repentir de t'avoir cru infidelle, comment oserois-je m'en justifier ? Mais n'en suis-je point assez puni ? Quels remords ! Les remords d'un amant qui t'adore. Ah ! tu veux me haïr ! N'ai-je pas plus mérité tes mépris que ta haîne ?

Retrace-toi un moment toutes mes infortunes. De barbares ennemis t'arrachèrent à mon amour, à l'instant qu'il alloit être couronné. Armé pour ta défense, je succombai sous leurs indignes fers. Conduit dans leur patrie, les mers qui m'y portèrent, soutinrent, il est vrai, un tems toutes mes espérances. Je n'ai vecu que par elles. Mon cœur flottoit avec toi. Tes ravisseurs engloutis me plongèrent dans l'erreur la plus cruelle. Le néant où je t'ai cru n'a point détruit ma tendresse. La douleur augmente l'amour. Je mourois pour te suivre. Je n'ai vécu que pour te venger. J'ai tout tenté ; j'allois immoler jusqu'à mes sermens, m'unir enfin, malgré mille remords, à une Espagnole ; acheter à ce prix ma liberté & ma vengeance, quand tout-à-coup, ô bonheur inespéré ! j'appris que tu respires, que tu m'aimes : ô souvenir trop doux ! je vole à toi, au bonheur le plus pur, le plus vif..... Vain espoir, cruel revers ! A peine eusje senti les premiers transports que m'inspiroit ta vue, qu'un fatal poison, dont ton cœur trop pur ignore les atteintes, la jalousie se glissa dans mon ame. Ses plus cruels serpens ont dévoré mon cœur, ce cœur qui n'étoit fait que pour t'aimer.

La plus belle des vertus, la reconnoissance, a été l'objet de mes soupçons. Ce que tu devois à Déterville, j'ai cru qu'il l'avoit obtenu, que ta vertu avoit pu se confondre avec ton devoir. J'ai cru. . . . Ce sont ces funestes idées qui troublèrent nos premiers plaisirs. Tu n'as pu dans le sein de l'amour oublier l'amitié. J'y oubliai la vertu. Les éloges de Déterville, sa lettre, les sentimens qu'elle exprimoit, le trouble qu'elle te causoit, la douleur que tu témoignois de la perte de ton libérateur, j'attribuai tout au sentiment que j'éprouvois, que j'éprouve encore, à l'amour.

Je cachai dans mon sein les feux qui le consumoient. Quels furent leurs progrès? Des soupçons je passai bientôt à la certitude de la perfidie. Je songeai à t'en punir. Je ne voulus point employer les reproches, je ne t'en croyois pas digne. Je ne te dissimule point mes crimes: la verité m'est aussi chère que mon amour.

J'ai voulu retourner en Espagne, remplir une promesse dont mes premiers ſermens m'avoient dégagé : le repentir ſuivit bientôt l'emportement qui t'avoit annoncé mon forfait. Je tentois vainement de te déſabuſer d'une réſolution que l'amour avoit détruite auſſi-tôt que formée. Ton obſtination à ne me point voir ralluma ma fureur. Livré de nouveau à la jalouſie, je me ſuis éloigné de toi ; mais loin d'aller à Madrid conſommer un crime que mon cœur déteſtoit, ainſi qu'on a voulu te le perſuader, accablé ſous le faix de mes malheurs, j'ai cherché dans la ſolitude, dans l'éloignement des hommes, une paix que la ſeule tranquillité du cœur peut donner. Abattu par mes douleurs, mon corps a ſuccombé ſous le poids de mes maux. Long-tems éloigné de toi, malgré moi-même, (te l'avouerai-je, Zilia)? je n'ai conſervé de force que pour t'outrager. Je te voyois, ſatisfaite de ma fuite, rappeller mon rival. Je te voyois.... Hélas! tu connois mon offenſe ; mais tu n'en connois pas le châtiment ; il ſurpaſſe mon crime. Ah! Zilia, ſi l'excès de l'amour pouvoit l'effacer : non, je ne ſerois plus coupable. Ne crois pas que je cherche d'émouvoir pour moi ta pitié ; c'eſt trop peu pour ma tendresse. Rends-moi ton cœur, Zilia, ou ne m'accorde rien.

Ecoute l'amour qui doit parler encore dans ton cœur ; laisse-moi près de toi rallumer des feux que ta juste colère s'efforce d'étouffer. Des cendres de l'amour que tu sentis pour Aza, je sçaurai recouvrer quelque étincelle.

Zilia ! Zilia ! ordonne de mon sort ; je t'ai fait l'aveu de mon crime. Si ton pardon ne l'efface, il doit être puni. Ma mort en sera le châtiment : trop heureux, cruelle, si je pouvois du moins expirer à tes pieds !

LETTRE TRENTE-CINQUIEME

& derniere.

A KANHUISCAP.

Zilia rend ſon cœur à Aza. Leur prochain retour dans leur Patrie.

EN frappant tes ſens de ſurpriſe, que ne puis-je faire paſſer dans ton cœur la joie que je ſens éclater dans le mien ! O bonheur ! ô tranſports ! Kanhuiſcap, Zilia me rend ſon cœur : elle m'aime. Egaré dans les raviſſemens de ma tendreſſe, je répands à ſes pieds les plus douces larmes. Ses ſoupirs, ſes regards, ſes tranſports, ſont les ſeuls interprètes de notre amour & de notre félicité.

Peins-toi, ſi tu le peux, nos plaiſirs ; cet inſtant toujours préſent à mes yeux, cet inſtant .... Non, je ne puis t'exprimer tant d'amour, de trouble & de plaiſir.

Ses yeux, ſon teint animé me peignoient ſon amour, ſa colère, ma honte... elle pâlit. Foible, ſans voix, elle tombe dans mes bras : mais, ainsi que les flâmes excitées par les vents, mon cœur agité par la crainte, brûle avec plus de violence. Ma bouche, appuyée sur son sein, lui rendit, par mes feux, ceux de sa vie, confondue dans la mienne. Elle meurt & renaît à l'instant.... Zilia ! ma chère Zilia ! dans quelle ivresse de plaisir plonges-tu l'heureux Aza ! Non, Kanhuiscap, tu ne peux concevoir notre bonheur. Viens en être témoin : rien ne doit manquer à ma félicité. Le François, qui te remettra ma lettre, sera secondé pour te conduire ici. Tu verras Zilia. Ma félicité s'accroît à chaque instant. Le récit de nos plaisirs, ainsi que celui de nos infortunes, (qu'elles sont loin de nous !) est parvenu jusqu'au Trône. Le généreux Monarque des François ordonne que les Vaisseaux qui vont combattre les Espagnols dans nos mers, nous conduisent à Quito. Nous allons revoir notre Patrie, ces tristes lieux si chers à nos desirs, ces lieux, ô Zilia ! qui virent naître nos premiers plaisirs, tes soupirs & les miens. Qu'ils soient témoins, qu'ils célèbrent, qu'ils augmentent, s'il se peut, notre félicité.... Mais je cours à Zilia.

Ami, l'amour ne m'a point fait oublier l'amitié ; mais l'amitié me ſépare trop long-tems de l'amour. Tranſports ſi doux, qui raviſſez mon ame, c'eſt dans vos égaremens que je retrouve la vie ... M'enivrer de tant de bonheur, de volupte ! Zilia m'eſt rendue, elle m'attend, je vole dans ſes bras.

FIN.

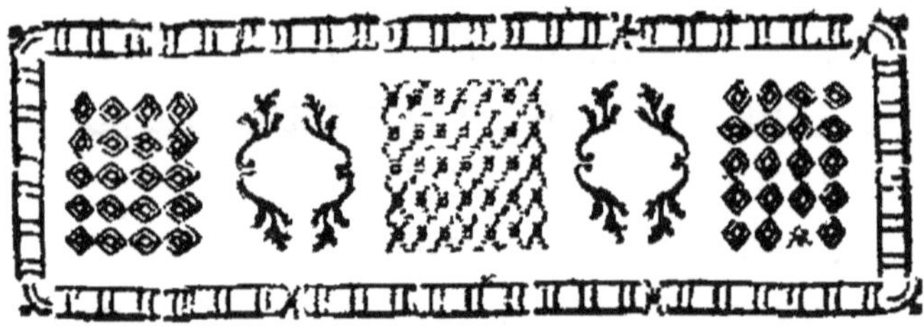

TABLE

DES LETTRES D'UNE PERUVIENNE ET D'AZA,

Contenues dans ce Volume.

LETTRE II.

LETTRE III.

LETTRE IV.

LETTRE V.

LETTRE VI.

LETTRE VII.

LETTRE VIII.

LETTRE IX.

LETTRE X.

LETTRE XI.

LETTRE XII.

LETTRE XIX.

LETTRE XX.

LETTRE XXI.

LETTRE XXII.

LETTRE XXIII.

LETTRE XXXIV.

LETTRE XXXV.

LETTRE XXXVI.

LETTRE XXXVII.

Au Chevalier Déterville, à Malthe.

LETTRE XXXVIII.

Au Chevalier Déterville, à Malthe.

Fin de la Table des Lettres d'une Péruvienne.

LETTRES D'AZA.

LETTRE V.

Au même.

LETTRE VI.

Au même.

LETTRE VII.

Au même

LETTRE VIII.

Au même.

LETTRE IX.

Au même.

LETTRE X.

Au même.

LETTRE XI.

Au même

LETTRE XII.

Au même.

LETTRE XIII.

Au même.

LETTRE XIV.

Au même.

LETTRE XV.

Au même.

LETTRE XVI.

Au même.

LETTRE XVII.

Au même.

LETTRE XVIII.

Au même.

LETTRE XIX.

Au même.

LETTRE XX.

Au même.

LETTRE XXI.

Au même.

LETTRE XXII.

Au même.

LETTRE XXIII.

Au même.

LETTRE XXIV.

Au même.

LETTRE XXV.

Au même.

LETTRE XXVI.

Au même.

LETTRE XXVII.

Au même

LETTRE XXVIII.

Au même

LETTRE XXIX.

Au même.

LETTRE XXX.

Au même.

LETTRE XXXI.

Au même.

Fin de la Table des Lettres d'Aza.

APPROBATION.

J'AI lu par ordre de Monseigneur le Chancelier, les *Lettres d'une Péruvienne & Cénie*, Piece en cinq Actes, nouvelle Edition, corrigée & augmentée de plusieurs Lettres, & je n'y ai rien trouvé qui m'ait paru devoir en empêcher l'impression. Fait à Paris, ce 8 Mai 1751.

Signé, SAURIN.

PRIVILÉGE DU ROI.

LOUIS, PAR LA GRACE DE DIEU, ROI DE FRANCE ET DE NAVARRE : A nos amés & féaux Conseillers, les Gens tenans nos Cours de Parlement, Maîtres des Requêtes ordinaires de notre Hôtel, Grand-Conseil, Prévôt de Paris, Baillifs, Sénéchaux, leurs Lieutenans Civils, & autres nos Justiciers qu'il appartiendra; SALUT. Notre amée la Dame *DE GRAFIGNY*, Nous a fait exposer qu'elle desireroit faire réimprimer & donner au Public des Livres qui ont pour titre *les Lettres d'une Péruvienne* & *Cénie*, s'il nous plaisoit lui accorder nos Lettres de Privilége sur ce nécessaires. A CES CAUSES, voulant favorablement traiter l'Exposante, Nous lui avons permis & permettons par ces Présentes de faire réimprimer lesdits Livres en un ou plusieurs volumes, & autant de fois que bon lui semblera, & de les faire vendre & debiter par tout notre Royaume pendant le tems de dix années consécutives, à compter du jour de la date des Présentes. Faisons défenses à tous Imprimeurs, Libraires, & autres personnes, de quelque qualité & condition qu'elles soient, d'en introduire d'impression étrangere dans aucun lieu de notre obéissance, &c. à la charge que ces Présentes seront enregistrées tout au long sur les Registres de la Communauté des Imprimeurs & Libraires de Paris, dans trois mois de la date d'icelles; que l'impression desdits Livres sera faite dans notre

Royaume, & non ailleurs, en bon papier & beaux caractères; que l'Impétrante se conformera en tout aux Réglemens de la Librairie, & notamment à celui du 10 Avril 1725, à peine de déchéance dudit Privilége; qu'avant de les exposer en vente, &c. Voulons qu'à la copie des Présentes, qui sera imprimée tout au long au commencement ou à la fin desdits Livres, foi soit ajoutée comme à l'original. Commandons au premier notre Huissier ou Sergent sur ce requis, de faire pour l'exécution d'icelles tous actes requis & nécessaires, sans demander autre permission, & nonobstant Clameur de Haro, Charte Normande & Lettres à ce contraires: CAR tel est notre plaisir. DONNE' à Versailles, le vingtiéme jour du mois de Décembre, l'an mil sept cent cinquante-un, & de notre régne le trente-septiéme. Par le Roi en son Conseil.

Signé, SAINSON.

Registré sur le Registre XII de la Chambre Royale & Syndicale des Libraires & Imprimeurs de Paris, No. 686. fol. 545. conformément au Réglement de 1725, &c. A Paris ce 24 Décembre 1751.

Signé, COIGNARD, *Syndic*.

www.ingramcontent.com/pod-product-compliance
Lightning Source LLC
LaVergne TN
LVHW010535100826
845148LV00001B/200

* 9 7 8 2 0 1 2 6 9 9 5 7 1 *